KB069205

100일이면 나도 영어천재 ①

[전면개정판] 100일이면 나도 영어천재 ①

초 판 1쇄 2019년 02월 27일
초 판 5쇄 2022년 10월 28일
개정판 1쇄 2022년 12월 27일
개정판 5쇄 2024년 10월 11일

지은이 갓주아(이정은)
펴낸이 류종렬

펴낸곳 미다스북스
본부장 임종익
편집장 이다경, 김가영
디자인 윤가희, 임인영
책임진행 이예나, 김요섭, 안채원, 김은진, 장민주

등록 2001년 3월 21일 제2001-000040호
주소 서울시 마포구 양화로 133 서교타워 711호
전화 02) 322-7802~3
팩스 02) 6007-1845
블로그 http://blog.naver.com/midasbooks
전자주소 midasbooks@hanmail.net
페이스북 https://www.facebook.com/midasbooks425
인스타그램 https://www.instagram/midasbooks

© 이정은, 미다스북스 2022, *Printed in Korea*.

ISBN 979-11-6910-117-2 13740

값 **17,000원**

미다스북스는 다음세대에게 필요한 지혜와 교양을 생각합니다.

100일 소리튜닝 영어 완전정복 프로젝트!

100일이면 나도 영어 천재

전면
개정판

갓주아(이정은) 지음

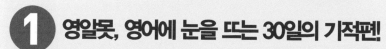

1 영알못, 영어에 눈을 뜨는 30일의 기적편!

미다스북스

■ 새 버전도 너무 좋습니다. 자세하고 예문도 늘어서 이해가 잘되어 정말 감동입니다! ^^ - g***********

■ 와! 감사합니다. 더 고급 강의로 돌아왔네요. 책 3권 다시 시작해야겠어요. - s***********

■ 예전 소리튜닝도 재밌게 들었는데 이렇게 새로 올려주시니 너무 좋아요. 소리, 억양 모두 자세히 알려주셔서 정말 많은 도움이 됩니다. 감사합니다. - b*********

■ 전체 1, 2, 3권 세 번 공부해서 도움 많이 됐어요. 이번 새로 시작하는 100일은 좀 더 깊이가 있어서 좋네요. 새롭게 느껴집니다. 감사합니다. - p*********

■ 구 버전으로 진짜 듣기 도움 많이 받았는데 이번에도 열심히 따라가겠습니다 ^^ - s*****

■ 머리에 쏙쏙 잘 들어오네요! 최고의 강의입니다^^ - f*********

■ 너무 멋져요^^ 예전 100일 동영상으로 많은 도움되었는데 또 다시 100일 프로젝트라니! 지치지 않고 이번에도 끝까지 갈 겁니다^^ - x*********

■ 선생님, 좋은 수업 감사합니다. 너무 좋은 게, 처음 들었을 때와 마지막 들었을 때가 달라요. 완벽하게 들릴 때 희열이 있습니다. - x*********

■ I am a big fan. 다른 영어 선생님과 차별화된 이 수업에 푹 빠졌습니다. 자녀들 발음과 연음 처리 고민하는 부모님들에게 소개해야겠습니다. 외국인의 말이 이해가 안 되어서 고민 많이 했는데 이런 강의가 있었다니, 정말 감탄입니다. 정

말 감사합니다. 열심히 공부하는 게 보답이라 생각하고 반복해서 소리 정복하는 날까지 열심히 하겠습니다. - t********

■ 선생님, 제 영어가 아주 멋있어졌습니다. 정말로 폼이 납니다. 선생님을 좀 더 일찍 만났더라면 얼마나 좋았을까 생각도 들지만 이제라도 이런 좋은 강의를 만났다는 사실이 너무 감사할 뿐입니다. - s*************

■ 왜 이제야 알게 되었을까요? 강의 너무 재밌고 많이 배워가요ㅠㅠ
- b********

■ 이전 강의와 비교할 수 없이 완벽한 강의! 고맙습니다. 작년에는 안 들려서 스트레스 받았는데 이제는 다 들립니다. 뒷부분 가면 또 좀 힘들겠지만 하다 보면 다 들리고 말하겠지요~~^^ - r*********

■ 와, 100일 천재 영상이다! 전 이게 제일 좋더라고요. - x*********

■ 갓주아쌤 책 우연히 보고 '이거다!' 싶어서 그때부터 유튜브 영상 거의 다 보면서 소리튜닝 연습했어요. 6개월쯤 지나니 확실히 더 많이 들리고 소리도 자연스러워진 게 느껴져요! 티칭도 잘하시는데 유용한 사이트도 많이 알려주시고 너무 재밌고 센스 있으시고... 최고입니다! - w*********

■ 100일 천재 영상! 선생님 덕분에 영어가 재밌어요. 20분 정도 되는 시간이 한시도 지루할 틈 없이 지나가는 마법을 경험 중입니다. 100일 완주! 아자!!
- d*********

■ 갓주아쌤~ 요즘 100일 천재 영상 자주 올라와서 너무 행복해요~ 그리고 감사해요. 다른 영상도 좋지만 저한테는 100일 천재 영상이 딱 맞더라고요. 특히 새 버전은 문장 확장까지 있어서 공부하기 너무 좋답니다. - x*********

■ 아... 발음이 이렇게 되는 거구나... 이제 알았네! 속이 뻥! - b*********

■ 꾸준히 하고 있어요~ 하다 보니 너무 좋아서 열심히 하고 있네요. 소리튜닝을 하니까 연음 리듬 강세도 익혀지고, 좀 더 잘 들린다는 느낌을 받습니다. 100일 끝나면 어떤 변화가 있을지 기대돼요. - c*************

■ 인스타그램에서 〈소리튠영어_주아쌤〉 채널로 영어공부 하는 분을 보고 들어 왔어요. 소리 내는 포인트를 딱딱 짚어주시니까 이해하기도 쉽고 발음에도 자신 감이 생길 것 같아요. 이제 영어공부 다시 시작해보려구요. 감사합니다~~!!^^ - g*********

■ 안녕하세요 선생님! 새로 영상이 업데이트 되고 있다는 사실을 알고 너무 기뻤 습니다. 새로운 세상을 알게 해주셔서 감사합니다. 100일차까지 함께 달려보겠습 니다. 미드 자막 없이 보는 날까지 노력하고 또 노력할게요! - q****

■ 우선 선생님께 고마움을 전하고 싶어요. 2019년 겨울, 영국에 유학 온 영알못 삼남매와 영어를 어떻게 배워야 하는지 고민하다가 갓주아쌤의 100일 도전부터 시작했던 기억이 나요. 영어에 흥미를 갖고 시작하는 초보자로서 정말 많은 도움 이 됐어요. 1년이 지난 지금은 삼남매가 원어민과 소통하고 영어로 영상을 찍을 만큼 성장했어요. 선생님 강의는 늘 강추입니다. 감사합니다. - h**************

■ 100일간 성실히 해보겠습니다. 영어, 특히 스피킹은 길을 찾기 힘든 평생 방황 일 줄 알았는데 선명한 지도를 얻은 것 같은 기분이에요! 고맙습니다. - h***********

■ 강의 정말 많이 도움됩니다. 이제 듣게 된 것이 아깝지만 지금이라도 너무 감 사한 강의입니다. - v*********

■ 출근길에 정주행 완료. 예전에 100일 끝내고 다시 복습하려는데 새로 나와서

행복합니다. 처음 했을 때보다 탄탄해지는 느낌에 영어할 맛 납니다. 여러분들도 꼭 2번씩 하세요. – e**********

■ 새 버전은 지난 버전보다 많은 부분에서 업그레이드 된 것 같아요. 저 자신도 깨닫지 못한 부분까지 신경 써서 만들어 주셨구나 하는 탄성이 절로 나오며 고개를 끄덕입니다. 이제 남은 건 저 자신이네요. 멈추지 않고 가는 것.
– y**************

■ 선생님의 새로운 강의를 보고 100일 프로젝트를 시작하였습니다. 할수록 더 잘하고 싶습니다. 시험 영어 말고 정말 회화 영어를 해보고 싶다는 생각이 많이 듭니다. 강의 감사합니다.^^ – k**********

■ 저는 학교 다닐 때 영어책을 베개로 사용했던 50대 주부입니다. 영어를 잘하고 싶은 마음은 굴뚝같은데 기초도 제대로 모르고, 해도 해도 어려웠는데 지인이 갓주아 100일 소리튜닝을 추천해주었어요. 그후 영어가 너무 재미있고 자신감이 생겼어요. 나도 꾸준히 갓주아쌤 따라가면 영어를 잘할 수 있다는 멋진 자신감이요. 책도 다시 보고 소리튜닝도 다시 시작하고 자신감도 뿜뿜! 이제 드디어 정복할 수 있을 것 같습니다. – m**********

■ 어찌어찌 100강 겨우 끝내고 복습하기로 했는데 마침 새 버전 다시 시작하시더라고요. 어찌나 감사한지! 신나 하며 1, 2강 며칠씩 들었답니다^^ 동시에 매일 100강부터 거꾸로 하루 5강씩 복습하고 있고요. 기특하죠? 버겁지만 꾸준히 하다 보면 저같이 어학 쪽 무지랭이도 언젠가 잘 듣고 쏼라쏼라 영어 할 날이 오겠죠.
– s*********

Contents

Chapter 1

Chapter 2

Chapter 3

나 _____은(는)

100일 소리튜닝 프로젝트를 통해

반드시 영어천재가 되어

_____할 것입니다.

30일 목표 플래너 – 영알못, 영어에 눈을 뜨는 기적!

여러분의 현재 실력은 어느 정도인가요? 또 매주 훈련이 끝날 때 여러분은 어디까지 발전하고 싶은가요? 현재 실력을 0∼10이라고 가정하고 들리는 단계(100: LISTENING 완성), 말하는 단계(100: SPEAKING 완성)의 목표 수치를 표시해봅시다!

LISTENING						
SPEAKING						
	5일차	10일차	15일차	20일차	25일차	30일차

매일 진도표에 학습 날짜와 함께 완수 정도(10~100: 조금~완벽)를 표시하세요.
5일을 채울 때마다 자신에게 보상을 주세요! 가고 싶었던 카페에 가거나, 먹고 싶었던 음식을 먹거나, 갖고 싶었던 물건을 스스로에게 선물로 주세요!

___점 Day 1	___점 Day 2	___점 Day 3	___점 Day 4	___점 Day 5	보상
___점 Day 6	___점 Day 7	___점 Day 8	___점 Day 9	___점 Day 10	보상
___점 Day 11	___점 Day 12	___점 Day 13	___점 Day 14	___점 Day 15	보상
___점 Day 16	___점 Day 17	___점 Day 18	___점 Day 19	___점 Day 20	보상
___점 Day 21	___점 Day 22	___점 Day 23	___점 Day 24	___점 Day 25	보상
___점 Day 26	___점 Day 27	___점 Day 28	___점 Day 29	___점 Day 30	보상

100일 영어천재로 가는 기적의 소리튜닝 학습법

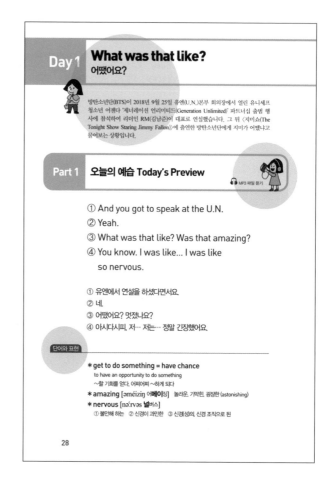

Day 1

What was that like?
어땠어요?

방탄소년단(BTS)이 2018년 9월 25일 유엔(U.N.)본부 회의장에서 열린 유니세프 청소년 어젠다 '제너레이션 언리미티드(Generation Unlimited)' 파트너십 출범 행사에 참석하여 리더인 RM(김남준)이 대표로 연설했습니다. 그 뒤 〈지미쇼(The Tonight Show Staring Jimmy Fallon)〉에 출연한 방탄소년단에게 지미가 어땠냐고 물어보는 상황입니다.

Part 1 오늘의 예습 Today's Preview

🎧 MP3 파일 듣기

① And you got to speak at the U.N.
② Yeah.
③ What was that like? Was that amazing?
④ You know. I was like... I was like
  so nervous.

① 유엔에서 연설을 하셨다면서요.
② 네.
③ 어땠어요? 멋졌나요?
④ 아시다시피, 저… 저는… 정말 긴장했어요.

단어와 표현

＊**get to do something = have chance**
to have an opportunity to do something
～할 기회를 얻다, 어찌어찌 ～하게 되다
＊**amazing** [əméiziŋ 어메이징] 놀라운, 기막힌, 굉장한 (astonishing)
＊**nervous** [nɔ́ːrvəs 널버스]
  ① 불안해 하는 ② 신경이 과민한 ③ 신경성의 신경 조직으로 된

28

- **Day별 대표 문장과 설명을 읽어보고 상황을 숙지하시기 바랍니다.**
- 이 책의 모든 영상 및 음원 자료는 네이버 '소리튠영어' 공식 카페
  (https://cafe.naver.com/312edupot)에 게재되어 있으니 활용하시기 바랍니다.

MP3 파일 다운받기

• Part 1 오늘의 예습

소리튜닝 본 강의에 앞서 오늘의 문장을 확인하고 예습합니다. 위의 QR코드를 스캔하여 MP3 파일을 다운받아 들으며 반복해서 따라합니다. 하단의 단어 풀이를 참고하며 문장의 의미와 상황을 이해합니다.

① 원본 음성이 담긴 MP3 파일로 반복해서 듣습니다!
② 오늘의 문장에 담긴 주요 단어와 어휘를 꼭 기억합니다!

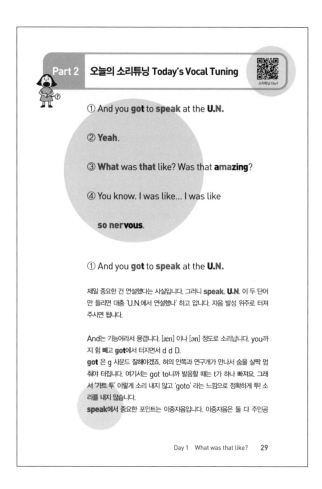

오늘의 소리튜닝 Today's Vocal Tuning

소리튜닝 Day1

① And you **got** to **speak** at the **U.N.**

② **Yeah**.

③ **What** was **that** like? Was that **amazing**?

④ You know. I was like... I was like

so nervous**.**

① And you **got** to **speak** at the **U.N.**

제일 중요한 건 연설했다는 사실입니다. 그러니 **speak. U.N.** 이 두 단어만 들리면 대충 'U.N.에서 연설했나' 하고 압니다. 자음 발성 위주로 터져 주시면 됩니다.

And는 기능어라서 뭉갭니다. [æn] 이나 [ən] 정도로 소리납니다. you까지 힘 빼고 **got**에서 터지면서 d d D.
got 은 g 사운드 잘해야겠죠. 혀의 안쪽과 연구개가 만나서 숨을 살짝 멈춰야 터집니다. 여기서는 got to니까 발음할 때는 t가 하나 빠져요. 그래서 '갓트 투' 이렇게 소리 내지 않고 'goto' 라는 느낌으로 정확하게 튀 소리를 내지 않습니다.
speak에서 중요한 포인트는 이중자음입니다. 이중자음은 둘 다 주인공

Day 1   What was that like?   **29**

• **Part 2 오늘의 소리튜닝**

스마트폰으로 페이지 오른쪽 상단의 QR코드를 스캔하거나 유튜브에 〈소리튠영어_주아쌤〉을 검색해 동영상 강의를 들으며 본격적인 소리튜닝을 학습합니다. 대화에 등장하는 인물이나 갓주아쌤에 빙의해서 오늘의 문장을 호흡, 발성, 강세, 속도, 그리고 몸동작이나 감정까지 똑같이 따라 합니다.

① QR코드를 스캔하여 〈소리튠영어_주아쌤〉의 동영상 강의를 무료로 마음껏 이용하세요!
② 다양한 장치로 소리튜닝에 최적화된 본문을 〈소리튠영어_주아쌤〉 강의로 완전히 숙지하세요!
　　• **D/d**　내용어/기능어　• **굵은 글씨**　악센트가 있는 단어　• 색 글씨　악센트

③ 원어민이 자주 쓰는 표현, 영어의 소리 규칙 등 알짜배기 Tip도 절대 놓치지 말고 공부하세요!

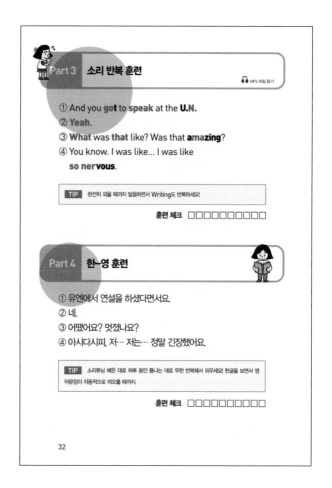

• Part 3 소리 반복 훈련

Part1에서 사용했던 MP3 파일을 활용해 다시 들으며 정확한 소리로 훈련하는 단계입니다. 몸이 완전히 기억해서 입에서 자동적으로 나올 때까지 1일 최소 10회 이상 매일 매주 중첩하며 무한반복합니다. 쓰면서 반복하면 더욱 좋습니다. writing도 좋아집니다.

• Part 4 한-영 훈련

한글만 보고도 영어 문장이 튀어나오게 만드는 단계입니다. '어땠어요?'라는 한국어 문장을 떠올리면 'What was that like?'라는 문장이 저절로 입에서 나올 수 있도록 최소 10회 반복 훈련합니다.

• 한 번 실행할 때마다 체크 하나씩! 체크 박스를 채우며 꼼꼼하게 훈련하세요!

get to

~하게 되다
have an opportunity to do something

'드디어' 하게 되었다는 느낌입니다. 기회를 얻어냈다는 의미로 씁니다.

1. _____

오늘 내가 아빠를 만나게 되는구나.

2. _____

(드디어) 내가 새 여권을 사용하게 되는구나.

3. _____

4. _____

• Part 5 문장 확장 훈련

오늘 배운 영어 중 새로운 표현을 내 것으로 만들어보는 과정입니다. 제시된 예문 뜻에 맞춰 표현을 다양하게 만들어보고 나의 일상에서 편하게 쓸 수 있는 표현을 연습합니다.

영어 문장 읽기에 익숙한 경우

① 구글(www.google.co.kr) 각종 영영 사전에서 검색한 단어가 정의하는 의미를 파악하고 예문을 읽어본다. 옵션에서 이미지를 선택하여 단어에 대한 이미지를 본다.

② Youglish(https://youglish.com) 검색한 단어가 포함되어 있는 유튜브 동영상을 볼 수 있다.

③ Quora(www.quora.com) 검색한 단어가 포함된 문장들을 볼 수 있다. 네이버 지식인과 비슷하다. 어플리케이션으로도 제공된다.

영어 문장 읽기에 익숙하지 않은 경우

① 각종 한영 사전에 나온 예문들을 찾는다. ② 각종 사이트의 이용자들이 작성한 예문들을 본다.

10일마다 다시 점검하고 확인하세요!

– Review 10일마다 중첩 복습은 영어천재로 가는 가장 확실한 길!
– Special class 갓주아쌤이 알려주는 소리튜닝 꿀팁과 특강을 꼭 챙기세요!

★ 전면개정판에서 달라진 것들!

① 유튜브 〈소리튠영어_주아쌤〉의 New Version에 맞춰 전면 개정되었다!
② 7일이 아니라 10일 간격으로 구성하여 유튜브 강의와 연계가 치밀하도록 했다!
③ 직관적으로 알 수 있게 몇가지 요소로 리듬/강세를 정리했다!
④ 기존 PART 5를 보강하여 스스로 문장 확장 훈련을 할 수 있게 구성했다!

Intro | 영알못, 영어에 눈을 뜨는 30일의 기적

Hello Everyone!

Welcome to SORITUNE world!

왜 소리튜닝 100일 수업인가?

그동안 영어 소리튜닝을 어떻게 실전에 적용해야 될지 감이 오지 않는다는 질문을 많은 분들에게서 받았습니다. 영화나 미드로 소리튜닝을 시작하기엔 양이 많아 힘들어하는 분들도 자주 만났습니다.

그래서 너무 부담스럽지 않게 워밍업하듯 소리튜닝 할 수 있는 100일 프로젝트를 기획했습니다. 하루에 4문장 정도씩 토크쇼나 스피치, 테드(TED) 연설 등에서 그리 어렵지 않은 대화나 익숙한 표현으로 골라 구성했습니다.

저는 특히 토크쇼 문장으로 영어 공부하는 것을 추천합니다. 왜 그럴까요? 영화나 미드는 어쨌든 이미 짜인 각본입니다. 살아 있는 영어라고 할 수는 없죠. 그에 비해 인터뷰나 토크쇼는 진행자(사회자)와 인터뷰이(Interviewee) 사이의 대화로 그때그때 생동하게 변화합니다. 좀 더 자연스럽고 살아 있는 영어라 할 수 있습니다.

교재와 함께 MP3 파일과 동영상 강의를 반드시 활용하셔야 합니다. 특히 동영상 강의를 볼 때는 호흡, 발성, 동작, 감정까지 그야말로 모든 것을 복제한다는 생각으로 연습하세요. 그리고 자동으로 머릿속에서 문장이 튀어나올 때까지 꾸준히 훈련하셔야 합니다.

매일 1Day씩 훈련하시고, 10Day씩 중첩해서 복습하세요. 20Day가 되었을 때 또 누적 복습을 하시고, 그렇게 30Day까지 철저한 누적 복습을 하시기 바랍니다.

그렇게 소리튜닝을 하시면 먼저 리스닝이 확 달라집니다. 소리의 기본을 파악하게 되기 때문입니다. '소리가 이렇게 나는구나.' 하고 깨닫게 되면 들을 때도 리듬을 타면서 듣게 됩니다.

당연히 스피킹도 좋아집니다. 소리가 좋아지면 영어에 자신감이 생깁니다. 영어에서 가장 중요한 것은 자신감입니다. 영어는 일단 입에서 내뱉을 줄 알아야 합니다. 소리가 좋으면 짧은 문장만 하더라도 주변에서 네이티브(Native) 같다는 소리를 듣습니다. 그때부터 자신감이 더 높아지고 이는 곧 실력 향상으로 이어집니다. 소리튜닝은 그런 면에서 여러분에게 자신감을 불러일으키는 강력한 계기가 될 것입니다.

영알못, 영어에 눈을 뜨는 30일의 기적!
이 책을 시작으로 100일 소리튜닝 프로젝트를 철저히 완수한다면 어느덧 영어천재가 된 자신을 발견하게 될 것입니다!

자, 그럼 이제 영알못이 영어에 눈을 뜨고 영어천재로 발전해가는 기적을 몸소 체험하시길!

◆ 영어를 만만하게 만드는 두 가지 기둥, 소리튜닝과 소리 블록!

우리의 영어가 그토록 힘들고 어려웠던 이유는 크게 두 가지가 있습니다.

첫 번째, 기대하는 소릿값과 실제의 소릿값이 너무나도 괴리감이 큰 것이죠. 예를 들어 '아이엠 고잉투'를 기대하고 있는데, 영화에서 '암가나'라고 나오면 괴리감이 너무 크죠. 우리가 '아이엠 고잉투'를 말하면 '암가나'에 익숙한 원어민들은 알아듣지 못합니다.

두 번째, 느린 것입니다. 단어는 알겠는데 빨리빨리 해석도 안 되고 입으로 나오지도 않습니다. 단어 하나하나를 생각하다 보면 리스닝에서는 뒤의 것을 놓치게 되어 중간부터는 포기하게 되고, 스피킹에서는 더듬거리다가 타이밍을 놓치거나 말이 뒤죽박죽이 되어버립니다.

그래서 우리는 영어의 두 가지 기둥을 세워야 합니다.

① 소리튜닝
② 소리 블록

소리튜닝으로 괴리감을 줄여나가고, 소리 블록을 통해 영어의 소리를 덩어리로 입력시켜야 합니다.

◆ 소리튜닝의 기본

- 복식호흡 / 복식악센트를 지킵니다
- 포물선으로 앞으로 터지는 소리를 냅니다
- 입이 옆으로 벌어지게 합니다
- 하관이 발달한 느낌으로 아랫니가 윗니보다 나오게 합니다
- 혀가 입천장 앞부분에 가능한 닿지 않게 합니다
- 입안의 동굴을 크게 만들어서 공명소리를 냅니다
- 강세와 효율을 기억하여 리듬을 탑니다

1. 한국어는 흉식호흡 vs. 영어는 복식호흡

한국어는 소리가 흉식(胸式)을 기반으로 위로 빠지는 반면, 영어는 뱃소리를 이용합니다. 잔기침할 때 정도의 배의 긴장감, 촛불을 아주 빠르게 '후' 불 때 배가 움직이는 정도라고 생각하면 됩니다.

2. 한국어는 일직선 vs. 영어는 포물선

영어는 힘을 준다고 해서 일직선으로 확 내리꽂는 듯한 느낌이 나지 않습니다. '후' 하고 뱉을 때 소리가 포물선의 느낌으로 아래로 떨어진다는 생각으로 발음하는 것입니다. 영어는 항상 curve up and down(곡선의 느낌으로 위에서 아래로) 소리가 납니다. 손을 이용해서 올라갔다 포물선의 느낌으로 훅! 던져주면서 영어 호흡하는 연습을 하면 좋습니다.

영어 문장은 농구공이 위아래로 끊임없이 튕겨지듯이 하면 끊임없이 할 수 있습니다. 농구공을 아래로 던지듯이 내용어에서 던져주고, 농구공이

반동으로 튀어 오르듯, 내용어 다음에 나오는 기능어는 힘을 주지 않은 상태에서 던지고 돌아오는 힘에 소리를 처리합니다. 이런 식으로 소리를 내면, 실제로 던지는 것은 몇 번 안 되기 때문에 문장이 길어도 힘들지 않고 끊이거나 꼬이지 않고 잘 말할 수 있습니다.

3. 한국어는 입이 앞으로 vs. 영어는 입이 옆으로

한국어는 입을 많이 벌리지 않고 말하는 편입니다. 그래서 입 근육이나 턱 근육을 쓸 일이 많이 없습니다. 그에 비해 영어의 정확한 발음은 입 모양, 혀, 이빨, 턱 등의 조음 기관에 의해서 결정됩니다. 때문에 입 모양은 매우 중요합니다.

영어의 입 모양은 마치 미소를 짓듯합니다. 일단 옆으로 입을 벌리고, 아랫니가 윗니보다 조금 앞으로 나온 상태로, 입을 오므리지 않고 계속 입을 벌리면서 말하는 느낌입니다. 혀끝이 입 앞쪽에 가능한 닿지 않게 해줍니다. 이 상태에서 한국어로 '안녕하세요!' 하면 말이 새면서 미국에 오래 산 교포같은 한국어가 나옵니다.

4. 입안을 동굴로 만드세요

영어는 뱃소리를 이용해서 동굴소리가 난다고 합니다. 그런데 말할 때 입 안의 구조도 동굴소리를 만드는 데 한 몫을 합니다. 입 안의 공간을 동굴처럼 크게 만들기 위해서는 입천장이 위로 올라가든지, 혀가 아래로 내려가야 합니다. 입천장을 위로 올리는 건 힘드니, 혀 안쪽을 눌러서 아래로 내려야 합니다. 이 느낌은 비유하자면 공포영화 〈링〉에서 텔레비전 속의 귀신이 나올 때 '아….' 하는 소리를 낼 때처럼, 혀 안쪽을 누르는 느낌입니다.

5. 영어는 리듬입니다

효율 언어	
중요한 단어만 제대로 들려주고 안 중요한 단어는 대충 들려준다!	
내용어	**기능어**
명사, 형용사, 부사, 동사, 부정어, 의문사, 지시사	관사, 전치사, 접속사, be동사, 조동사, to부정사
D 로 표기	d 로 표기
강세 언어	
하나의 단어에도 강세가 있다!	
악센트 O	악센트 X
길고, 세고, 정확하게 발음	슈와처리 (최대한 얼굴, 입에 긴장을 풀고 멍청하게)

영어에서 리듬이 나오는 이유는 영어의 두 가지 특징 때문입니다. 영어는 '효율 언어'이고 '강세 언어'입니다. 우리가 원어민에게 문장을 말했는데 못 알아듣는다면 이것은 '효율 영어'를 못 살려서 그런 것입니다. 만약 단어만 말했는데도 못 알아들었다면 이는 강세 문제인 경우가 대부분입니다.

효율 영어

영어는 효율적으로 말하는 것을 좋아합니다. 즉, 중요한 단어는 세고 정확하게 소리 내고, 안 중요한 단어는 힘을 빼고 잘 들려주지 않습니다. 중요한 단어를 '내용어(content word)'라고 하고 중요하지 않은 단어를 '기능어(function word)'라고 합니다.

효율 영어를 살릴 때 가장 중요한 부분은 시간의 길이입니다. 내용어는 길게, 기능어는 거의 시간을 주지 않는다는 생각으로 해야 리듬이 삽니다. 내용어만 말했을 때와 기능어가 섞여 있을 때, 둘 모두 시간이 거의 같아야 합니다.

강세 영어

영어 단어를 사전에서 찾아보면 보통 발음기호에 강세 표시(')가 있습니다. 강세가 들어가는 부분은 반드시 길고, 세고, 정확하게 발음해줘야 합니다. 강세가 들어가지 않는 부분은 최대한 힘을 빼고 들릴 듯 말 듯 발음해주는 것입니다. 입도 거의 벌리지 않고 복화술하듯 최대한 명한 표정으로 '어' 하는 소리지요. 이런 발음을 '슈와(schwa)' 발음이라고 합니다. 그래서 소리에 리듬이 생기는 것입니다.

영어의 소리를 내는 데 중요한 발성, 강세, 호흡, 리듬 같은 요소들을 따로따로 배우면 안 됩니다. 언어는 종합 예술입니다. 한 문장을 연습하더라도 이 모든 것을 한꺼번에 훈련해야 합니다. 영어는 공부가 아니라 수영이나 골프 같은 운동이기 때문입니다. 그렇기 때문에 소리 튜닝 이론을 몸으로 기억해놓아야 합니다. 그러면 아무리 시간이 지나도 리듬감 있고 자연스럽게 영어가 술술 나올 것입니다.

◆ 소리 블록의 기본

'소리 블록'은 일반 블록을 영어 소리튜닝 법칙의 원리인 강세, 내용어, 기능어, 강세 리듬, 연음, 호흡, 발성 등을 입혀 세련되게 코팅한 블록입니다. '소리 블록'은 크게 3개 블록으로 나눕니다.

BB (Beginning Block, 시작 블록)

시작 블록 : 보통 문장의 시작으로 많이 쓰이는 블록

CB
(Core Block, 중심 블록)

중심 블록 : 문장의 가장 중심이 되는 핵심 정보 블록으로 문장의 핵심 동사로 구성됨.

DB
(Detailed Block, 상세 블록)

상세 블록 : 핵심은 아니지만 조금 더 구체적인 정보를 주기 위한 블록으로 보통 문장 맨 앞이나 맨 뒤에 위치함.

각각 색깔에 맞는 블록들을 소리튜닝 코팅을 입혀서 '소리 블록'으로 만들고, 입으로 귀로 이리저리 조합하는 훈련을 많이 해주세요. 단어로 이해하면 23번 생각해야 하는 문장도, 블록으로 이해하면 6번만 이해하면 됩니다. 이런 식으로 계속 훈련하면, 문장을 인식할 때 단어 단위가 아니라 블록 단위로 인식하기 시작하게 되고, 그러면 자유롭게 말을 만들 수 있게 됩니다. 버퍼링도 줄고, 원어민들이 듣기에 이상한 콩글리쉬도 줄어듭니다. 이렇게 영어가 만만해지는 거죠!

이 책에서는 영어를 만만하게 만드는 두 가지 기둥 중에서도 '소리튜닝'에 집중합니다. 그럼 이제 본격적으로 100일 프로젝트를 시작해볼까요?

Chapter 1

Day 1
|
Day 10

We become what we think about.
우리는 생각한 대로 된다.

Day 1 | **What was that like?**
어땠어요?

방탄소년단(BTS)이 2018년 9월 25일 유엔(U.N.)본부 회의장에서 열린 유니세프 청소년 어젠다 '제너레이션 언리미티드(Generation Unlimited)' 파트너십 출범 행사에 참석하여 리더인 RM(김남준)이 대표로 연설했습니다. 그 뒤 〈지미쇼(The Tonight Show Staring Jimmy Fallon)〉에 출연한 방탄소년단에게 지미가 어땠냐고 물어보는 상황입니다.

Part 1 | 오늘의 예습 Today's Preview

🎧 MP3 파일 듣기

① And you got to speak at the U.N.
② Yeah.
③ What was that like? Was that amazing?
④ You know. I was like... I was like
   so nervous.

① 유엔에서 연설을 하셨다면서요.
② 네.
③ 어땠어요? 멋졌나요?
④ 아시다시피, 저… 저는… 정말 긴장했어요.

단어와 표현

＊**get to do something = have chance**
  to have an opportunity to do something
  ~할 기회를 얻다, 어찌어찌 ~하게 되다
＊**amazing** [əméiziŋ 어**메이**징]   놀라운, 기막힌, 굉장한 (astonishing)
＊**nervous** [nə́ːrvəs 널버스]
  ① 불안해 하는   ② 신경이 과민한   ③ 신경(성)의, 신경 조직으로 된

28

① And you **got** to **speak** at the **U.N.**

② **Yeah**.

③ **What** was **that** like? Was that **amazing**?

④ You know. I was like... I was like

so nervous**.

① And you **got** to **speak** at the **U.N.**

제일 중요한 건 연설했다는 사실입니다. 그러니 **speak**, **U.N.** 이 두 단어만 들리면 대충 'U.N.에서 연설했나' 하고 압니다. 자음 발성 위주로 터져주시면 됩니다.

And는 기능어라서 뭉갭니다. [æn] 이나 [ən] 정도로 소리납니다. you까지 힘 빼고 **got**에서 터지면서 d d D.
got 은 g 사운드 잘해야겠죠. 혀의 안쪽과 연구개가 만나서 숨을 살짝 멈춰야 터집니다. 여기서는 **got** to니까 발음할 때는 t가 하나 빠져요. 그래서 '가트 투' 이렇게 소리 내지 않고 'goto' 라는 느낌으로 정확하게 툭! 소리를 내지 않습니다.
speak에서 중요한 포인트는 이중자음입니다. 이중자음은 둘 다 주인공입니다. 그리고 s 다음에 나오는 p는 소리 규칙으로 된소리가 나와야 합니다. 그래서 '스픽'이 아니고 '스삑'에 가깝습니다. 음소단위 [i:]는 한국어로 '이'라기 보다는 '이이'인데 뒤를 한 음 내립니다.

speak부터 at까지 한 단어라고 생각하시고, the는 슈와처럼 소리가 나왔어요.
U.N.에서 U는 you라고 생각하고 소리 내세요. 강세는 **N**에 있습니다.

소리규칙 **약자 혹은 줄임말은 뒤에 힘이 들어간다**

UN은 United Nations의 줄임말이에요. 줄임말 소리 규칙은 뒤에 힘이 들어가요. 그래서 '유엔'이 아니고 '유**엔**' 이렇게 소리 내줍니다.

ex) LA ··· L**A**

　　NY ··· N**Y**

　　TV ··· T**V**

---

② **Yeah**.

y는 혀끝으로 아랫니 안쪽을 꾹꾹 누르세요. 그냥 "예~" 하시면 안 됩니다.

③ **What** was **that** like? Was that **amazing**?

이런 말을 할 때는 감정을 넣어야 합니다. 무미건조하게 하면 싸우자는 거예요.
What이라는 의문사는 내용어인지 기능어인지 애매합니다. 하지만 보통 내용어에 가깝고 소리는 터졌습니다. w 중요합니다. 입술을 '우' 하고 진동을 느끼며 터져야 합니다.
that은 터져야 해요. 내용어 **What**과 **that** 둘 중에서는 **that**이 조금 더 터졌습니다. D d D d. **What** was **that** like? 끝처리 잘 하셔야 해요. that에서 나간 뒤에, 들어오는 느낌으로 like 합니다.

Was that **amazing**?(d D d). 이때 that은 기능어로 굉장히 빠르게 소리냈습니다. 한 단어처럼 이어집니다.

그리고 터지는 '**amazing**' 에서 조금 더 세부적으로 들어가봅시다. **amazing**에서 a는 강세가 없는 부분이죠. 그래서 d입니다. **ma**은 D, zing은 d입니다. Was that **amazing**? 이 문장을 단어의 리듬까지 세세하게 표현하면 d d dDd 이런 리듬이 되는 것입니다.

> **TIP** What을 How로 바꿀 수 있죠? 그래서 How was that? 이라고 말할 수도 있습니다. "어땠어?" 정도의 느낌입니다.

④ You know. I was like... I was, like, **so nervous**.

You know, I was like이 부분은 중얼거리듯합니다. 다 기능어죠.

> **TIP** I was like,
> 글을 쓴다면 I thought. I said… 처럼 뒤에 따옴표가 붙을 겁니다. 같은 의미예요. 기억했다가 써주셔도 됩니다. 'like'가 말버릇처럼 많이 들어가기도 합니다. 다른 사람들의 말을 전할 때, 과거에 겪었던 자신의 경험 같은 걸 얘기할 때도 'like'를 많이 사용합니다.

so nervous. 둘 다 터졌습니다. 부사, 형용사에 각각 내용어라서 둘 다 힘 주는 것이 가능하네요. **so**는 '쏘' 아닙니다. 영어에는 한국어 '오'가 없어요. '쏘우' [souʊ]예요. 이중자음이죠. 끝까지 소리 내줍니다. **ner**에도 훅 하고 강세가 찍힙니다. 다음은 슈와로 힘이 싹 빠집니다. n 사운드가 중요해요. 콧소리가 납니다. 콧볼에 손을 대고 소리를 내면 진동이 느껴지는 소리죠.

so nervous. 둘 다 힘을 줬는데 **so**에 더 힘을 주었습니다. 리듬, 호흡, 발성, 강세가 들어가야 편해집니다. 이제 천천히 리듬과 강세를 살려서 소리 신경쓰면서 해봅시다.

자, 이제 소리튜닝 반복 훈련을 시작해볼까요?

Part 3　소리 반복 훈련

🎧 MP3 파일 듣기

① And you **got** to **speak** at the **U.N.**

② **Yeah**.

③ **What** was **that** like? Was that **amazing**?

④ You know. I was like... I was like

   so nerv**ous**.

> **TIP**　완전히 외울 때까지 발음하면서 Writing도 반복하세요!

훈련 체크 ☐☐☐☐☐☐☐☐☐☐

Part 4　한-영 훈련

① 유엔에서 연설을 하셨다면서요.

② 네.

③ 어땠어요? 멋졌나요?

④ 아시다시피, 저… 저는… 정말 긴장했어요.

> **TIP**　소리튜닝 배운 대로 하루 동안 틈나는 대로 무한 반복해서 외우세요! 한글을 보면서 영어문장이 자동적으로 떠오를 때까지.

훈련 체크 ☐☐☐☐☐☐☐☐☐☐

get to

〜하게 되다
have an opportunity to do something

'드디어' 하게 되었다는 느낌입니다. 기회를 얻어냈다는 의미로 씁니다.

1. ....

    오늘 내가 아빠를 만나게 되는구나.

2. ....

    (드디어) 내가 새 여권을 사용하게 되는구나.

3. ....

4. ....

5. ....

정답   1. Today I get to meet my father.

2. I get to use my new passport.

I'm gonna be 20(twenty)
스무 살이 될 거예요

2002~2006년까지 오프라 윈프리가 진행한 〈오프라 애프터 쇼(Oprah After the Show)〉는 방청객에게 질문을 받아 이야기를 나누는 쇼였습니다. 오프라 윈프리가 곧 20살이 되는 방청객에게 어떻게 살아야 할지에 관해 이야기를 해주는데, 그중 한 장면입니다.

Part 1 오늘의 예습 Today's Preview

 MP3 파일 듣기

① How old are you?
② I'm gonna be 20(twenty).
③ You're gonna be 20?
④ Yeah.
⑤ You're not even 20?
⑥ No, not yet.

① 몇 살이죠?
② 스무 살이 될 거예요.
③ 스무 살이 된다고요?
④ 네.
⑤ 아직 스무 살도 안 됐어요?
⑥ 아직요.

단어와 표현

* old [ould **오울**ㄷ] ① 나이가 ~인 ② 늙은, 나이 많은 ③ 오래된, 낡은
* even ['i:vn **이~**븐] ① ~도, 조차 ② 훨씬 ③ 심지어 ~까지 하게
* yet [jet 이**엣**] ① 아직 ② 이제(앞으로)

34

Part 2 | 오늘의 소리튜닝 Today's Vocal Tuning

소리튜닝 Day2

① **How old** are you?

② I'm gonna be **20**(**twenty**).

③ You're **gonna** be **20**?

④ **Yeah**.

⑤ You're **not** even **20**?

⑥ **No**, **not yet**.

① **How old** are you?

How old. 둘다 내용어입니다. **How**는 의문사입이다. h 소리 '후' 하고 숨을 몰아쉬듯 뱉으면 됩니다. 뒤에 있는 모음의 입 모양을 하면 소리 내기 편하죠. **How**는 [haʊ]로 이중모음입니다. 입이 크게 많이 벌어지고 변화가 있습니다.

old에도 뱉어야 해요. 그런데 연달아 있으니 힘을 주기 어려워지죠. 그런데 이때 두 단어가 연결됩니다. 연결될 때 중간에 w가 있다고 생각하세요. 강세가 자연스럽게 처리됩니다.

다음은 are you를 붙이면 됩니다. 기능어 + 기능어입니다. are는 슈와로 [ər]입니다. you도 마찬가지입니다.

이제 전체적인 소리튜닝은 D D d d가 됩니다. 앞에 둘 중 어디에 뱉을지는 결정하시면 됩니다.

② I'm gonna be 20(twenty).

I'm gonna be. 여기까지 모든 단어가 기능어입니다. 앞은 아예 더 뭉개버리세요. I'm은 I am의 축약형으로 '음'처럼 소리 내도 됩니다.

twenty만 들리면 됩니다 tw는 이중자음입니다. t뿐만 아니라 w도 주인공입니다. 둘 다 한꺼번에 뱉어주세요. n 다음에 있는 t는 없앨 수도 있습니다. 그래서 '티'가 아니라 '니'로 소리 내곤 합니다.

③ You're gonna be 20?

gonna be가 또 나오죠? 원래는 모두 기능어입니다. 그래서 다 힘을 주지 않죠. 그런데 오프라는 gonna에 힘을 줬어요. 오프라는 "스무 살이 '된다고?'"라는 부분을 강조하고 싶었던 거죠. g 사운드 제대로 내서 뱉어줬어요. you're은 소유격 your과 발음이 같습니다. 이렇게 생각하면 편하게 소리가 납니다.
twenty에서 마찬가지로 tw 잘 내주면서, 의문문이니까 뒤를 올려줍니다.

> **TIP** **기능어는 소리를 크게 내지 않는다!**
>
> 기능어에 힘이 많이 들어가는 사람들이 있어요. "눈에 보이는데 왜 말을 안 해줘?" 이럴 수 있거든요. 하지만 그런 마인드에서 벗어나셔야 합니다. 자신의 고정관념을 깨셔야 됩니다. '눈에 보이지만 소리를 주지 않는다, 소리를 너무 크게 내지 않는다, 입을 너무 크게 벌리지 않는다, 긴장시키지 않는다'는 게 중요해요. 이게 안 될 것 같으면 이렇게 한 번 해보세요. (입 모양을 움직이지 않고 성의 없이) "안녕하세요." 그리고 같은 느낌으로 기능어로 처리해보세요!

④ **Yeah**.

훅 해서 **Yeah**. y 사운드를 신경써주세요. 혀끝이 아랫니 안쪽에 닿아서 밀어주는 소리입니다.

⑤ You're **not** even **20**?

"너 아직 스무 살도 아니야?" 그렇게 얘기하는 느낌이죠. you're은 빠르게 힘없이 기능어처럼 처리하면 됩니다.
not에서 뱉어줍니다. n 사운드는 혀 끝으로 치경을 누르고 코로 소리가 나옵니다. '나' 아닙니다. 코가 울려요. '은' 했다가 터지는 느낌입니다.
not even하면 t 다음에 e 모음이 왔죠. 그래서 끊지 않고 연음 처리해줍니다.

⑥ **No**, **not yet**.

No not yet. n, n, y 모두 자음의 소리입니다. 그리고 **No**에서 o의 소리 는 '오'가 아니라 '오우'입니다.
not yet. 꼭 기억해두셔야 하는 소리입니다. t 뒤에 자음이 오면 그 소리의 호흡을 순간 끊습니다. t가 터지는 게 아니라 막았다가 y 하면서 터집니다.

소리규칙 t로 끝나고 자음으로 시작하는 경우 t 다음의 자음은 소리를 끊어버린다
호흡이 끊어지는 느낌을 살려줘야 합니다. ex) Not really   [난뤼얼리] → [낫/뤼얼리]   Not sure   [난슈어] → [낫/슈어]

이제 천천히 리듬과 강세를 살려서 소리 신경쓰면서 해봅시다.

① **How old** are you?

② I'm gonna be **20**(**twenty**).

③ You're **gonna** be **20**?

④ **Yeah**.

⑤ You're **not** even **20**?

⑥ **No, not yet**.

훈련 체크 ☐☐☐☐☐☐☐☐☐☐

Part 4 한-영 훈련

① 몇 살이죠?

② 스무 살이 될 거예요.

③ 스무 살이 된다고요?

④ 네.

⑤ 아직 스무 살도 안 됐어요?

⑥ 아직요.

훈련 체크 ☐☐☐☐☐☐☐☐☐☐

I'm gonna be ~

나 ~살이 될 거야

연말에 나이를 물어봤을 때 대답으로 할 수 있는 말입니다. "I'm turning~" 이라고 말할 수도 있습니다. 만약 연초에 '나 ~살이 됐어.'라고 말할 거라면 "I'm turned~"라고 말하면 되겠죠

1. ....

   나 ~살이 될 거야. (*여러분의 나이를 넣어보세요)

2. ....

   나 18살이 될 거야. (*I'm turning 활용)

3. ....

   나 막 20살 됐어.

4. ....

5. ....

정답 1. I'm gonna be~.   2. I'm turning 18.   3. I'm turned 20.

Day 3

Was it serious?
진지했나요?

2009년 10월 14일에 방영된 〈오프라 윈프리 쇼(The Oprah Winfrey Show)〉에 배우이자 가수인 테일러 스위프트가 출연했습니다. 오프라가 테일러에게 첫 연애에 대해 물어보고 있는 장면입니다.

Part 1 | 오늘의 예습 Today's Preview

🎧 MP3 파일 듣기

① I was about 15(fifteen)

when I had my first boyfriend.

② Was it serious?

③ Yeah, we were together for a year.

④ Okay, like kissing and stuff.

① 제가 첫 남자친구를 만났을 때가 15살 때쯤이었어요.

② 진지했나요?

③ 네, 1년 정도 만났어요.

④ 그럼, 키스나 이것저것 해봤겠네요?

단어와 표현

* serious [ˈsɪriəs 씨뤼어스] ① 심각한 ② 진지한 ③ 만만찮은

* stuff [stʌf 스떱] ① 것, 것들, 물건, 물질 ② 일, 것 ③ 재료, 원료

① I was about **15(fifteen)**

when I **had** my **first boyfriend**.

② Was it **serious**?

③ **Yeah**, we were **together** for a **year**.

④ **Okay**, like **kissing** and stuff.

① I was about **15(fifteen)**

when I **had** my **first boyfriend**.

긴 문장이지만 한 호흡입니다. 그래서 영어는 발음이 아무리 좋아도 호흡을 신경써야 자연스럽게 소리가 나와요.

I was about **15**. 여기까지 의미단위입니다. 문장이 길어질 때는 내용어부터 봅니다. 내용어 **15(fifteen)**이 나갑니다. 강세가 뒤에 있습니다. t 사운드 잘해야 합니다.

had는 h를 신경쓰시고, 그 다음엔 **first**의 f에서 던집니다. 윗니가 아랫입술에 살짝 닿은 상태에서 숨이 빠져나가야 합니다. 윗니가 칼이라고 생각하고, 더 물면 아프다는 생각으로 아주 살짝 뭅니다. 그렇게 숨이 새다가 빠져나갑니다. **boy**에서도 b사운드 제대로 내주셔야 해요.

> ### TIP fifty와 fifteen 구분
> fifty와 fifteen이 헷갈릴 수 있습니다. 숫자가 민감한 분야에서는 이런 걸 정말 잘 처리해야 합니다. fifty와 fifteen을 확실하게 구분할 수 있는 방법 중에 정말 좋은 것은 바로 '강세'입니다. 50을 뜻하는 **fifty**는 앞에 힘이 들어갑니다. 이와 달리 15를 표현하는 **fifteen**은 뒤에 힘이 들어갑니다. 힘을 어디에 주느냐에 따라 강세를 온전히 살릴 수도 있고, 죽일 수도 있는 것이죠!

내용어 악센트만 편할 때까지 뱉어서 연습하세요. 나머지 기능어가 들어가도 그 박자가 흐트러지면 안 됩니다.

I was about은 기능어 부분입니다. was about이 붙고 슈와가 되어 입에 긴장이나 무게감을 두지 않고 복화술하듯이 발음하는 것입니다. 모두 다 또박또박 발음하려고 하면 발음이 꼬이게 됩니다. **fifteen**만 잘 들리게 하면 되는 것입니다.

fifteen 이후에 이어집니다. when I **had**에서 **had** 뱉어주죠. 그 다음에 **first boyfriend**에서 t와 d 사운드만 잘해줘도 편해집니다. '트, 드'로 터지지 않고 다음 자음 발음과 함께 터집니다. 살짝 끊어지는 느낌이요. 그리고 **first**의 끝 자리 t를 중심으로 양쪽에 자음이 있죠. 이때 t는 죽여도 됩니다. 그래서 **first**의 t가 거의 들리지 않아요.
boyfriend 는 boy + friend의 복합명사입니다. 그래서 boy에 훅! 하고 힘이 들어갑니다.

② Was it **serious**?

'진지한 관계였니?'

뱉어야 되는 건 **serious**의 se입니다. [sɪ] 기둥 소리입니다. 어느 정도 입술이 스마일 상태입니다. '이'인지 '에'인지 헷갈리는 정도입니다. 중간을 맞춰가는 것이 기둥 소리에 중요한 포인트입니다. s 사운드는 샜다가 뱉어줘야 해요.

was it에 힘들어가지 않죠. 기능어입니다. 이어져서 한 단어처럼 소리납니다.
serious가 오면서 t 다음에 s 사운드가 들어가게 됩니다. 역시 살짝 끊어집니다.

③ **Yeah**, we were **together** for a **year**.

내용어를 뱉어볼게요. **Yeah** 할 때 y 사운드 너무 중요합니다. 반자음이죠. 생긴 건 자음인데 소리는 모음처럼 내요. 우리가 소리를 낸 것처럼 착각하는 것입니다. year, ear이 헷갈리는 거죠. **year**를 ear과 같이 발음했다면 y 소리를 내지 않은 것입니다.

음소단위 y

y는 혀끝이 아랫니의 안쪽에 닿은 다음에 혀끝에 힘을 꾹 줘야 합니다. 혀에 힘을 딱 주고, year[이이얼], yogurt[이요걸트], yellow[이엘로우]. ear보다 year이 약간 더 지저분한 느낌입니다.

---

we were 힘 들어가지 않습니다. **together**의 ge와 **year**에서 뱉어줍니다.
together에서 to가 들리지 않는 이유는 양쪽에 모음이 오기 때문에 힘이 확 빠지기 때문입니다. 굉장히 빨라지죠. for a도 거의 슈와 소리입니다.

음소단위 강세가 없는 th[ð]

together. 여기서 th는 돼지꼬리 소리 [ð]예요. th는 보통 혀가 살짝 이 사이로 나오는 모양의 소리입니다. 하지만 강세가 들어가지 않는 [ð]는 혀를 윗니 뒤쪽에 위치시키고 빠르게 처리하기도 합니다.

---

④ **Okay**, like **kissing** and stuff.

Okay에서 '오' 아니라 [oʊ] '오우'입니다. 그리고 **kay**와 **kissing**에서 k 소리 제대로 내주셔야 해요. like은 당연히 거의 들리지 않습니다. **kissing**만 들리죠. and stuff는 '그런 거?'라는 느낌으로 말한 것입니다. s 다음에 t가 나오므로 된소리가 나오면 좀더 편합니다. '스떱'처럼 들리죠. f는 물지 마세요. f 사운드는 계속음입니다. 여운을 남깁니다.

> **음소단위** k
>
> k 음소단위는 보통 k와 c 철자의 소리입니다. 연구개(입천장의 말랑한 부분)와 혀의 안쪽을 서로 만나게 합니다. 무슨 느낌인지 모르겠다면 한국어로 '응' 해보세요. 닿는 부분이 있습니다. 혀의 안쪽과 연구개입니다. 그렇게 닿은 상태에서 두 부분이 서로 스크래치 내듯 긁는 소리를 내줍니다.

자, 이제 몸으로 암기하는 소리튜닝 반복 훈련을 시작해볼까요?

Part 3

소리 반복 훈련

🎧 MP3 파일 듣기

① I was about **15**(**fifteen**)
   when I **had** my **first boyfriend**.
② Was it **serious**?
③ **Yeah**, we were **together** for a **year**.
④ **Okay**, like **kissing** and stuff.

> **TIP** 완전히 외울 때까지 발음하면서 Writing도 반복하세요!

훈련 체크 ☐☐☐☐☐☐☐☐☐☐

Part 4 **한–영 훈련**

① 제가 첫 남자친구를 만났을 때가 15살 때쯤이었어요.
② 진지했나요?
③ 네, 1년 정도 만났어요.
④ 그럼, 키스나 이것저것 해봤겠네요?

> **TIP** 소리튜닝 배운 대로 하루 동안 틈나는 대로 무한 반복해서 외우세요! 한글을 보면서 영어
> 문장이 자동적으로 떠오를 때까지.

훈련 체크 ☐☐☐☐☐☐☐☐☐☐

I was about~

나 ~살 때쯤이었어

> about를 빼면 정확하게 '~살이었어.'라는 말이 됩니다.

1. ....

내가 그걸 알게 됐을 때, 나 7살쯤이었어.

2. ....

그 일이 있었을 때, 나 12살이었어.

3. ....

그녀가 죽었을 때, 걔는 8살이었어.

4. ....

5. ....

> **정답** 1. I was about 7 years old. when I found out.
> 2. I was 12. when it happened.
> 3. She was 8. when she died.

Life does not have to be perfect to be wonderful.
인생이 멋지기 위해 완벽할 필요는 없다.

원어민이 아니니까 틀리는 것은 당연합니다. 완벽주의 성향은 쓰레기통에 확 던져버리세요. 대신 '최적주의자'가 되세요. 지금의 선택과 이 과정이 가장 좋은 것이라 믿고 최선을 다하고, 실패를 기꺼이 받아들이는 것입니다. 실패 없이 완벽하게 하려고 하면 긴장되어 머리가 정지됩니다. 몸에 힘을 빼고 완벽하게 하겠다는 생각을 없애세요. 당당하고 뻔뻔해지세요!

Day 4

I feel so bad!
미안해서 어쩌죠!

2017년 3월 7일, ABC 〈지미 키멜 라이브(Jimmy Kimmel Live)〉에 '해리포터 시리즈'의 '헤르미온느' 역으로 열연한 배우 엠마 왓슨이 출연했습니다. 촬영 초반, 너무 잘하고 싶은 마음에 상대 대사까지 다 외웠는데, 상대가 대사할 때 입 모양을 계속 따라 해서 NG를 냈다고 하네요!

Part 1 오늘의 예습 Today's Preview

🎧 MP3 파일 듣기

① You're mouthing...

   You're mouthing Dan's lines.

② And I'd be like, "Ooh, I'm so sorry.

③ So sorry. Oh, I feel so bad.

④ But like, I can't help myself."

① 너 입으로 따라 하잖아… 입 모양으로 댄의 대사를 하고 있잖아.

② 그럼 저는 "아, 진짜 죄송합니다.

③ 정말 죄송해요. 죄송해서 어쩌죠!

④ 그런데 정말 어쩔 수가 없어요."

단어와 표현

＊ mouth
　　명사: ① 입 　② 입구, 주둥이 　③ 말버릇 　[mauθ 마우쓰]
　　동사: 입 모양으로만 말하다 　[mauð 마우드]
＊ line [laɪn 라인] 　① 선, 줄 　② 경계, 구분 　③ 대사, 가사, 시구
＊ myself [maɪˈself 마이셀프]
　　① 자신(화자가 행동의 대상이기도 할 경우, 해석되지 않기도 함)
　　② 화자가 무엇을 직접 함을 강조하는 경우

① You're **mouthing**...

You're **mouthing Dan**'s **lines**.

② And I'd be like, "**Ooh**, I'm **so sorry**.

③ **So sorry**. Oh, I **feel so bad**.

④ But like, I **can't help** myself."

① You're **mouthing**...

You're **mouthing Dan**'s **lines**.

감독이 이렇게 얘기했다고 엠마가 전하는 것입니다.

You're **mouthing**도 **banana**와 리듬이 같습니다 d D d. 반복해서 연습하시면 좋습니다.
mou에서 뱉는데 여기에서 이중모음 [oʊ] 잘 해야 합니다. 조음기관 바꿔서 끝까지 내주세요. **mouth**에서 th 발음도 [ð] 유성음 돼지꼬리 소리로 잘 소리냅니다. 세게 내는 것이 아니라 정확하지만 빠르게 해야 합니다.

Dan's **lines**. 에서 앞의 's는 소유격을 표현하는 것이고, **lines** 끝의 s는 복수형
을 위한 것입니다. s 소리는 똑같습니다. s 바로 앞에 나오는 음소가 유성음이면 [z]
사운드를 냅니다. 둘다 [z] 사운드죠. 그러나 [s]로 들립니다. 힘이 빠질 때 무성음보
다 유성음이 더 힘듭니다. 힘은 빼는데 성대를 울려야 하기 때문입니다. 그 과정에서
끝에 무성음 소리가 섞여 나오는 것입니다.

② And I'd be like,"**Ooh**, I'm **so sorry**.

And I'd be like. '그래서 내가 뭐라고 했냐면'이라는 말입니다. 이 말 뒤에는 꼭 따
옴표가 들어가요.

I'd는 [aɪd]라고 할 수 있고, 여기서는 [əd]로 소리가 나왔습니다. 더 슈와로 처리할
수도 있습니다. 뒤에 b 자음이 나오므로 살짝 끊어집니다.
Ooh. [uː]입니다. 입 쭉 내밀고 '우우' 하는 느낌이 있어야 합니다.
I'm **so sorry**. so는 [soʊ], **sorry**에서 so는 [sɔ]입니다. [oʊ]는 이중모음이므
로 조음기관이 변해야 합니다. [ɔ]는 조음기관이 변하지 않는 모음입니다. 둘 다 내용
어이기 때문에 둘 다 뱉습니다. 다만 둘 중 어느 하나를 더 뱉어주면 됩니다.

③ **So sorry**. Oh, I **feel so bad**.

So sorry. ②번과 같은 문장입니다.
I **feel so bad**에서. **feel so bad**가 모두 내용어라 모두 뱉어주어야 합니다. 힘을 조절해봅시다. 같은 내용어라도 **feel**과 **bad**에 좀 더 힘을 줍니다. **feel**[fiːl]에서 [iː]는 '이이' 하는 느낌인데 뒤가 좀 더 낮습니다.

④ But like, I **can't help** myself."

I **can't help** myself. **can't**와 **help** 둘 다 터져요. 전반적으로 끊어집니다. t 다음에 h 자음 오고, p 다음에 m 자음이 옵니다. 살짝씩 끊어지는 느낌이 들 수밖에 없어요.

자, 이제 소리튜닝 반복 훈련을 시작해볼까요?

① You're **mouthing**... You're **mouthing Dan**'s **lines**.
② And I'd be like,"**Ooh**, I'm **so sorry**.
③ **So sorry**. Oh, I **feel so bad**.
④ But like, I **can't help** myself."

> **TIP** 완전히 외울 때까지 발음하면서 Writing도 반복하세요!

훈련 체크 ☐☐☐☐☐☐☐☐☐☐

Part 4 한-영 훈련

①너 입으로 따라 하잖아…
　입 모양으로 댄의 대사를 하고 있잖아.
②그럼 저는 "아, 진짜 죄송합니다.
③정말 죄송해요. 죄송해서 어쩌죠!
④그런데 정말 어쩔 수가 없어요."

> **TIP** 소리튜닝 배운 대로 하루 동안 틈나는 대로 무한 반복해서 외우세요! 한글을 보면서 영어 문장이 자동적으로 떠오를 때까지.

훈련 체크 ☐☐☐☐☐☐☐☐☐☐

I can't help myself

어쩔 수 없어

> 본능이나 상황을 피할 수 없었다는 뜻입니다.

1. ....
   미안해. 나 어쩔 수가 없었어.

2. ....
   그는 어쩔 수 없어.

3. ....
   그 남자애는 어쩔 수 없었어.

4. ....

5. ....

> **정답** 1. Sorry. I couldn't help myself.
> 2. He can't help himself.
> 3. The boy couldn't help himself.

What's the matter?
무슨 문제 있어?

2012년 3월 20일, 코난 오브라이언이 진행하는 TBS 〈코난 쇼(CONAN)〉에 동물 전문가 데이빗 미제쥬스키가 출연했습니다. 아기 불곰이 손님으로 나오네요.

Part 1   오늘의 예습 Today's Preview

🎧 MP3 파일 듣기

① You okay, pal?

② What's the matter? What's the matter?

③ No, you don't like this show, do you?

④ Yeah, you're not her mommy.

⑤ Oh, she wants to be with her mommy right now?

① 괜찮니, 친구?

② 무슨 문제 있어?

③ 아, 너 이 쇼를 좋아하지 않는구나. 그렇지?

④ 당신이 곰 엄마가 아니라서 그래요.

⑤ 아, 지금 엄마 곰이랑 같이 있고 싶어 하는군요.

단어와 표현

* pal [pæl 팰] ① 친구 ② 이봐
* matter [ˈmætə(r) 매럴]
   ① (해결해야 할) 문제, 일, 사안   ② 상황, 사태   ③ 물질

Part 2

오늘의 소리튜닝 Today's Vocal Tuning

소리튜닝 Day5

① You **okay**, **pal**?

② **What's** the **matter**? **What's** the **matter**?

③ No, you **don't like** this **show**, **do** you?

④ **Yeah**, you're **not** her **mommy**.

⑤ **Oh**, she **wants** to be with her **mommy**

right now?

① You **okay**, **pal**?

'유 오케이 팔?' 이렇게 또박또박 소리 내면 안 됩니다. 복식 호흡으로 숨을 들이마시고 내쉬는 한 숨에 말합니다.

okay에서 o는 [oʊ] 이중모음 끝까지 살려줍니다. 강세 있는 **kay**에서 모음은 이중모음 [eɪ]입니다. **pal**에서 모음은 [æ]인데, apple과 같습니다. 스마일한 상태에서 뒤턱을 떨어트립니다. 이를 하나로 가면 d dD D 라는 리듬이 됩니다.

곰이 낑낑대니까 '친구, 괜찮아?' 하고 물어보는 거죠.

② **What's** the **matter**? **What's** the **matter**?

낑낑대니까 '도대체 무슨 일이야?' 이렇게 얘기하는 거죠, 곰한테. '대체 왜 그래? 무슨 일이야?'

여기서 터트려야 하는 두 단어 **What**과 **matter**를 상대 귀에 꽂아줘야 하는데, 자음 소리를 꽂아줍니다. **What's**에서 w는 '와'가 아니라 '우와' 느낌으로 쏟아내셔야 합니다. 끝은 ts가 같이 있으므로 '츠'스럽게 소리 내면 편합니다.

What's the까지 D d. 이렇게 몸동작을 해보세요. 그리고 **matter**의 **ma**에서 한 번 더 나갑니다. m은 입술을 다물었다 터트립니다. 입을 다물었을 때 '음' 하고 코로 소리가 나오는 비음입니다. 모음은 [æ]로, 뒤턱 열어주세요.

matter에서 t를 중심에 두고 m와 r이라는 자음이 나오므로 플랩 t가 되어 강세가 없어집니다. 영국식으로 할 때는 **matter**에서 ㅌ 소리가 되지만, 미국식 같은 경우는 t에 강세가 없으면 ㄷ이나 ㄹ 소리가 나오죠!
전체적으로 D d D d 이런 리듬이죠. 코난은 여기서 **matter**에다 훨씬 더 힘을 주었지요.'

③ No, you **don't like** this **show**, **do** you?

쉼표가 있지만 말할 때는 한 호흡입니다. 굳이 쉴 필요 없습니다.

No, you **don't like**에서 **don't like** 둘 다 내용어입니다.
show에서 sh 소리 제대로 냅니다. 새다가 나갑니다. **show**를 '쇼' 이러면 한국어가 됩니다. 또 [oʊ] 이중모음도 신경써주세요. 발음을 할 때는 입 모양을 잘 보셔야 됩니다.

sh

sh 소리는 입술을 오리처럼 밖으로 펴지게 하고, 이는 6개 정도가 균등하게 보인다고 생각하시면 됩니다. 그런 다음에 새는 발음 소리입니다. 이와 이 사이에서 살짝 공간을 조금 주는 거예요. 여기서 새어나가는 겁니다. 혀끝을 어디에 두는 것 자체가 중요하지는 않은데 샐 때 입 앞을 막으면 잘못 새겠죠. 그래서 새는 데 편하게끔 아랫니 뒤쪽에 내려놓는 겁니다.

this **show**에서 '디스 쇼'로 소리 내면 안됩니다. '디ㅅ쇼' 이렇게 살짝 이어지게 넘어가도 됩니다. this city도 '디스 시티' 아니고 '디ㅅ시티'입니다.

TIP **자음에 'ㅡ' 붙이기 않기!**

한국어는 자음 + 모음이 기본이기 때문에, 우리는 자음으로 소리가 남아 있는 것이 익숙하지 않기 때문입니다. '돈트' '라이크' 이렇게 'ㅡ'를 넣는데, 이렇게 하면 음절이 하나 더 생깁니다. 그러면 원어민들은 알아듣기 힘듭니다.

this 디스 → 디ㅅ

like 라이크 → 라이ㅋ

don't → 돈ㅌ

don't like. 여기서는 **like**에 더 힘을 주었습니다. **don't**을 더 쉽게 하려고 d 사운드가 살짝 죽었습니다. t 사운드는 살짝 끊기는 느낌이 듭니다

TIP **I! don't! like! you!**

상대방이 너무 싫다는 걸 강조할 때는 I! don't! like! you! 이렇게 하나하나 강조해서 쓸 수도 있습니다.

do you? '그렇지?' 할 때 쓰는 표현이에요.

원래 **do** you는 둘 다 기능어라서 힘이 들어가지 않지만, 부가의문문의 뉘앙스를 살려주기 위해 **do**에 힘이 훅! 들어갔습니다.

④ **Yeah**, you're **not** her **mommy**.

Yeah. 역시 y 사운드 제대로 내주세요.
you're은 you are가 아니라 your랑 똑같이 소리냅니다.
you're **not** her에서 her은 기능어입니다. 기능어일 때는 빠르게 말하기 위해서 보통 h 소리에 힘을 주지 않는 편입니다. h를 죽이니까 t 다음 h가 아니라 e가 오게 되죠. 소리 끊지 않고 살짝 연음처리 해서 이어지는 느낌이 듭니다. 그래서 '낫헐'이 아니라 noter, '나러' 이런 느낌으로 소리가 나게 됩니다.
mommy에서 [aː] 소리입니다. 살짝 꺾입니다. '아아'로 내는데 뒤가 살짝 내려가서 포물선을 그리는 느낌입니다.

> **소리규칙** 기능어 him / her / his 처리
>
> him / her / his 등은 대부분 항상 기능어이기 때문에 미국식 영어에서는 보통 빠르게 처리하기 위해 h가 떨어집니다. 그래서 그냥 im / er / is 정도로 빠르게 처리합니다.
> ex) I've heard of her → I've heardofer

---

⑤ **Oh**, she **wants** to be with her **mommy right now**?

wants는 깨끗하게 들리지 않습니다. 하지만 w가 들리고 문맥상 **wants**가 필요합니다. 실전에서는 영어 듣기 평가처럼 또박또박 들려주지 않습니다.

Oh. [oʊ] 하고 터집니다. '오!' 가 아니라 '오우!' 이렇게 소리 내주셔야 합니다.
wants에서는 w 소리 제대로 내주세요. 그리고 그 뒤로 to be with her까지 힘들어가는 것이 아무것도 없습니다.

wants to
wants to be

wants to be with
wants to be with her

이어서 **mommy**, 내용어가 들어갑니다.

right now의 중간은 살짝 끊어지는 느낌이 듭니다. t 다음에 n 자음이 나오기 때문이에요. 연음처리해서 '롸인나우' 하지 않는 겁니다. 둘 중에 하나 선택해서 힘을 더 주시면 됩니다. 물론 '지금 당장 해래' 이렇게 말할 때는 'Right! now!' 이렇게 둘 다 힘을 줄 수도 있습니다. 만약 이어준다고 하면 둘 중의 하나에 더 힘을 줘야겠지요.

자, 이제 소리튜닝 반복 훈련을 시작해볼까요?

Part 3

소리 반복 훈련

🎧 MP3 파일 듣기

① You **okay, pal**?

② **What's** the **matter**? **What's** the **matter**?

③ No, you **don't like** this **show**, **do** you?

④ **Yeah**, you're **not** her **mommy**.

⑤ **Oh**, she **wants** to be with her **mommy right now**?

TIP 완전히 외울 때까지 발음하면서 Writing도 반복하세요!

훈련 체크 ☐☐☐☐☐☐☐☐☐

Part 4 한-영 훈련

① 괜찮니, 친구?

② 무슨 문제 있어?

③ 아, 너 이 쇼를 좋아하지 않는구나. 그렇지?

④ 당신이 곰 엄마가 아니라서 그래요.

⑤ 아, 지금 엄마 곰이랑 같이 있고 싶어 하는군요.

TIP 소리튜닝 배운 대로 하루 동안 틈나는 대로 무한 반복해서 외우세요! 한글을 보면서 영어문장이 자동적으로 떠오를 때까지.

훈련 체크 ☐☐☐☐☐☐☐☐☐

You don't like this show, do you?

너 이 쇼 싫지, 그렇지?

> 이런 말은 '상대가 싫어한다'는 것을 확신한다는 느낌으로 말합니다. '너 이거 싫지? 그치?' 확인하거나 따지는 느낌입니다.

1. ....

   너 나 싫지, 그렇지?

2. ....

   제가 노래 부르는 거 싫으시죠, 그렇죠?

3. ....

   너희 엄마가 나 되게 싫어하시지, 그렇지?

4. ....

5. ....

정답 1. You don't like me, do you?

2. You don't like my singing, do you?

3. Your mom doesn't like me very much, does she?

I am dying!
나 죽을 것 같아!

미국의 뉴스/엔터테인먼트 회사 '버즈피드(BuzzFeed)'가 2017년 3월 17일 배우 엠마 왓슨과 인터뷰를 진행했습니다. 엠마 왓슨이 여섯 마리 고양이와 함께 놀며 팬들의 질문에 답하고 있습니다.

Part 1 오늘의 예습 Today's Preview

🎧 MP3 파일 듣기

① Hi, little guy, Hello.
② I'm dying.
③ I can't even concentrate on
    what you're saying.
④ I'm here with BuzzFeed,
    I'm playing with tiny cute kittens.
⑤ My day is made!

① 안녕, 아가야, 안녕.
② 죽을 것 같아요.
③ 말씀하시는 것에 집중조차 못하겠어요.
④ 저는 버즈피드와 있고, 작고 귀여운 고양이들과 놀고 있어요.
⑤ 오늘 하루 너무 행복하네요.

단어와 표현

* **die** [daɪ 다이] ① 죽다, 사망하다 ② 사라지다, 없어지다 ③ 서다, 멎다
* **concentrate** [kánsəntrèit/kɔ́n- 칸센트레이트]
    집중하다, 전념하다, (한 곳에) 모으다, 집중시키다
* **tiny** [táini 타이니] 아주 작은, 아주 적은
* **kitten** ['kɪtn 킷은] 새끼고양이

소리튜닝 Day6

① **Hi**, little **guy**, **Hello**.

② I'm **dying**.

③ I **can't** even **concentrate** on

　 what you're **saying**.

④ I'm **here** with **BuzzFeed**,

　 I'm **playing** with **tiny cute kittens**.

⑤ My **day** is **made**!

① **Hi**, little **guy**, **Hello**.

쉼표가 2개나 있지만 한 호흡으로 갈 수 있습니다.
Hi에서 h 뺍니다. 숨을 탁 몰아쉬는 느낌이라고 전에 말씀드렸죠.

음소단위　h

추울 때 우리가 손에 대고 '하～' 할 때 있죠? 딱 그런 느낌으로 h 소리 내줍니다. 그
소리로 훅! 내뱉는 느낌입니다.

---

little은 원래 내용어입니다. 그런데 l 사운드만 제대로 한다고 생각하시고 **guy**에서
뱉어주세요. little에서 tt 역시 모음과 모음 사이에 있기 때문에 ㄹ로 소리납니다.
guy도 '가이' 아닙니다. g는 대표적인 스탑 사운드입니다. 멈췄다가 터져야 합니다.
한국어의 ㄱ 사운드도 혀의 안쪽과 연구개쪽이 닿습니다. g와 비슷하죠. 하지만 g는
호흡이 멈췄다가 터져야 합니다.

Hello의 강세는 뒤에 있습니다. 그리고 이중모음 [oʊ]도 잘 처리해주세요.

> **TIP** **나와 맞는 영어 키 찾기**
>
> 이 영상에서 엠마 왓슨은 높은 음의 애교 있는 여자의 목소리를 내고 있습니다. 이 높은 음을 따라
> 하려고 애쓰지 마세요. 노래방 키 조절하는 것처럼 조절하셔야 해요. 먼저 음만 땁니다. 콧노래 부
> 르듯 '으음' 하는 식으로 음의 높낮이를 딴 다음에 편한 톤으로 내리거나 올리셔야 편합니다.

② I'm **dying**.

여기서부터는 감정을 좀 담아주세요. '귀여워서 죽을 것 같애!' 이런 감정이죠.

I'm **dying**. I am은 기능어이고, 당연히 **dying**에서 소리가 터져줘야겠죠. d 사
운드도 스탑 사운드라 멈췄다가 터져야 합니다.

③ I **can't** even **concentrate** on what you're **saying**.

그 다음에 터지는 **can't**는 미국식으로 [æ]인데 엠마 왓슨은 영국 사람이라 [ɑ:] 이
렇게 소리가 났습니다.

concentrate의 강세 **con**에서도 [ɑ:] 소리가 납니다. '아아'인데 뒤가 살짝 낮아

지는 거죠. 전체 발음기호를 보면 [[kɑ:nsntreɪt]입니다. '칸센트레이트' 이렇게 하고 싶지만 e가 슈와입니다. n 앞에 있는 슈와는 없앨 수 있어요. 모음 없이 이어주는 느낌이죠. 거의 입을 벌리지 않습니다. tr에서 ch 소리 내면 편합니다. 강세 **con**에 확 내뱉고 올라오는 힘에 처리하는 연습해주세요. 그 다음 on은 연결됩니다. t 중심으로 모음과 모음이 있기 때문에 플랩 t입니다.

what은 내용어로 쓰일 때도 있고 기능어로 쓰일 때가 있습니다. 여기서는 그렇게 많이 뱉지는 않았는데, 약한 내용어라고 할 수 있죠. t 다음에 오는 y 사운드는 '츄'스럽게 내주면 편합니다. '왓츄' 그런데 이 영상에서는 '왓유' 이렇게 끊어주었습니다.

호흡과 강세를 천천히 연습하고 점점 스피드를 내세요.

음소단위　s

s 소리는 새면서 나가면 멋있어요. 샜다가 나가는 소리에요. 그래서 saying 할 때 s〜 샜다가 소리 내주세요! 더 잘 새려면 배에 힘이 더 들어갈수록 더 잘 새요.

---

④ I'm **here** with **BuzzFeed**,

I'm **playing** with **tiny cute kittens**.

인터뷰를 진행하는 엠마 왓슨이 이렇게 말합니다. "저는 지금 여기 버즈피드와 함께 있습니다."

중요한 단어는 **here**입니다. I'm **here** with까지 **banana**. 즉 d D d 리듬입니다. **BuzzFeed**에서 b 사운드도 스탑 사운드입니다. 멈췄다가 터집니다.

그리고 **playing**에서 pl도 이중자음입니다. **pl-aying**을 따로 연습해서 붙이세요.

I'm **playing** with는 d D d d입니다. 상대 귀에서는 **play**만 꽂아줍니다.
tiny cute kittens. cute 발음기호를 보면 [kju:t]로 y 발음이 있습니다. '키유
웃트' 같이 됩니다. 천천히 했다가 빠르게 가세요. **kittens**에서 t + 슈와 + n 구조
입니다. 살짝 끊어지는 느낌을 살릴 수도 있습니다. 그리고 마지막에 s에 [z]지만 힘
이 들어가서 s 사운드가 많이 묻어나옵니다.

소리규칙   t + 모음 + n

kitten처럼 t와 n 사이에 모음이 끼어 있는 경우가 굉장히 많죠. ton도 있고, ten도 있고, t와 n
사이에 모음이 끼어 있는 경우 t 소리 다음 호흡을 끊어줍니다.

ex) button [벗/은] cotton [캇/은] brighten [브라잇/은]

TIP   긴 단어의 1강세와 2강세

보통 긴 단어들은 1강세 2강세가 있습니다. 예를 들어 responsibility 이런 단어도 사전 찾아
보시면 1강세[']가 있고 2강세[ˌ]가 있습니다 [rɪˌspɒnsəˈbɪləti]. 그렇기 때문에 tiny, cute,
kitten 이것도 하나의 단어처럼 만드는 느낌으로 발음하시는 것이 좋습니다. 긴 단어이므로 강세
가 두 개 정도는 찍혀야 연결이 잘됩니다.

---

⑤ My **day** is **made**!

My **day** is **made**는 d D d D 리듬입니다. 두 내용어 중 하나를 정해 더 뱉어줍
니다.

"오늘 하루 너무 행복하네요!"라고 말하는 것입니다.

TIP **My day is made!**

직역하면 "나의 날이 만들어졌구나!"인데, 혼자 행복하다는 느낌이 아니라 무엇 때문에 내가 행복해졌다는 의미를 쓸 때 더 자연스럽습니다.

한국어의 사고로는 이 문장이 영작되기가 쉽지 않습니다. '내 날이 만들어졌어!' 무슨 소리인지 모르겠지요? 이렇듯 직역으로 기억해두면 이 문장은 절대 입 밖에 나오지 않습니다. 그래서 번역으로 이 문장을 기억해놓으셔야 합니다. "나 너무 행복한 날이야!"

더 많이 쓰이는 표현으로는, "You made my day."가 있습니다. "네가 오늘 나의 날을 만들어줬어!", "너의 덕분에 내가 오늘 행복해."라는 정도의 뜻이에요.

자, 이제 소리튜닝 반복 훈련을 시작해볼까요?

🎧 MP3 파일 듣기

① **Hi**, little **guy**, **Hello**.

② I'm **dying**.

③ I **can't** even **concentrate** on what you're **saying**.

④ I'm **here** with **BuzzFeed**,

  I'm **playing** with **tiny cute kittens**.

⑤ My **day** is **made**!

훈련 체크 ☐☐☐☐☐☐☐☐☐☐

Part 4 한-영 훈련

① 안녕, 아가야, 안녕.

② 죽을 것 같아요.

③ 말씀하시는 것에 집중조차 못하겠어요.

④ 저는 버즈피드와 있고,

  작고 귀여운 고양이들과 놀고 있어요.

⑤ 오늘 하루 너무 행복하네요!

훈련 체크 ☐☐☐☐☐☐☐☐☐☐

I can't concentrate on

나는 ~에 집중할 수가 없어

1. ....

나 학교 숙제에 집중할 수가 없어.

2. ....

나 콘서트에 집중할 수 있어.

3. ....

우리 게임에 집중할 수 있을까?

4. ....

5. ....

정답 1. I can't concentrate on my schoolwork.
2. I can concentrate on the concert.
3. Can we concentrate on the game?

I can't help it

어쩔 수가 없어요 / 참을 수가 없네요

2016년 6월 20일, NBC 〈투나잇 쇼〉에 영화배우 블레이크 라이블리가 출연했습니다. 진행자 지미가 3주 동안 자신을 못 본다며 블레이크에게 자신의 실사 크기 사진을 선물로 주고 있는 장면입니다.

Part 1 오늘의 예습 Today's Preview

🎧 MP3 파일 듣기

① I'm gonna do so many terrible
   things with this.
② I can't help it.
③ Wait, maybe this is a bad idea.
④ This is a terrible idea.

① 나 이걸로 정말 많은 나쁜 짓들을 할 거예요.
② 참을 수가 없는데요.
③ 잠깐요, 아마도 이거 안 좋은 생각인 것 같아요.
④ 끔찍한 아이디어예요.

단어와 표현

* **terrible** [ˈterəbl **테**러블]
    ① 끔찍한, 소름끼치는 ② 심한, 지독한 ③ 형편없는
* **help** [help **헬**ㅍ] ① 돕다, 거들다 ② 도움이 되다
* **maybe** [ˈmeɪbi **메이**비]
    ① 어쩌면, 아마 ② 혹시(제안의 뜻) ③ 글쎄(애매한 응답)

Part 2 오늘의 소리튜닝 Today's Vocal Tuning

소리튜닝 Day7

① I'm gonna **do so many terrible things**

with this.

② I **can't help** it.

③ **Wait**, **maybe** this is a **bad idea**.

④ This is a **terrible idea**.

① I'm gonna **do so many terrible things**

with this.

문제의 문장입니다. do가 아니라 be로 들리는 경우가 많아요. 기능어나 전치사가 그런 경우가 많은데, 잘 들리지 않지만 기능상 필요하고 자연스러우므로 do로 자동 완성됩니다. 한국어도 마찬가지죠. 우리도 말하다가 입이 꼬이거나 잘못 발음할 수도 있잖아요. 여기에서는 do가 가장 잘 어울립니다.

I'm은 축약형입니다. 그리고 I'm gonna까지 모두 기능어입니다. 소리 죽여주세요. 그리고 **do**에서 터집니다. '두'가 아니라 '두우' 하는 느낌이고,

Day 7   I can't help it   **71**

뒤가 살짝 떨어져서 곡선처럼 소리납니다. **so**도 마찬가지로 [soʊ]이므로 입 모양의 변화가 반드시 있어야 합니다.

그 다음 **many**할 때 m 사운드 할 때 '음⋯' 하고 터진다는 느낌입니다.

terrible의 발음을 어려워하는 분들이 많습니다. 음절 때문입니다. '테러블'로 3음절일 것 같지만, 발음기호를 보면 [ˈterəbl]입니다. 음절로 나누면 [ˈte/rəbl]입니다. 음절을 따로따로 연습한 뒤에 뭉쳐주세요. 그리고 앞에 강세 찍어주세요. 음절 따라 연습하면 훨씬 편해집니다.

음소단위 t

입천장에 톡 튀어나온 부분을 치경이라고 합니다. t 발음을 할 때, 혀의 완전 끝이 아니라 앞부분을 치경에 댑니다. 그래야 조금 더 접촉 면적이 넓어져서 소리가 잘 터집니다. 병뚜껑이 퍽 하고 터지는 소리가 나와야 합니다. t 소리를 잘 하기 위해서는 발성을 할 때 배에 힘이 들어갈 수밖에 없습니다. 배가 움직이는 소리를 모르겠다 싶을 때 t로 훈련하면 배가 움직이는 느낌을 바로 알 수 있습니다. t는 무성음입니다. 혀의 위치나 소리 내는 규칙은 모두 같은데 성대가 울리는 유성음은 음소단위 d입니다.

---

things는 '띵스' 아닙니다. **thing**은 [θɪŋ] 혀 살짝 내밀고 숨이 새다가 터져야 합니다.

내용어가 많습니다. 내용어의 강세 부분만 촛불 불듯 뱉으며 해봅시다.

do so ma te things

그리고 기능어 이어붙이면서 연습합니다.

　　　　　　do
I'm gonna **do**
I'm gonna **do so**
I'm gonna **do so many**
I'm gonna **do so many terrible**
I'm gonna **do so many terrible things**
I'm gonna **do so many terrible things** with this.

이 많은 내용어 중 여기에서는 so에서 가장 많이 뱉었습니다. 그래야 많은 내용어들이 자연스럽게 이어집니다. 천천히 하면서 편해지면 속도를 조금씩 붙입니다.

TIP life size

지미가 블레이크에게 실사 크기 사진을 줍니다. '실사 크기'는 영어로 뭘까요? life size라고 했죠. 실사 사이즈. 여기서는 실제 사람 몸 사이즈와 똑같은 것이겠지요?

---

② I **can't help** it.

잘 안 들립니다. '나 진짜 어쩔 수가 없어.'라는 뜻입니다. 앞에서도 한 번 나왔죠.

can't help. 둘 다 내용어인데 보통 **help**에 힘을 줘서 많이 씁니다.

소리규칙 보통 자음 다음에 바로 모음이 나오면 연음 처리가 된다

help it을 붙여서 helpit. 이런 느낌으로 한 단어처럼 소리 내줍니다. 어려우면 연음을 생각하지 말고 농구공이 갔다가 튕겨 나오는 것만 생각하세요. 농구공을 던지고 돌아오는 힘, 반동의 힘으로 이어서 소리 내준다고 생각하세요!

---

③ **Wait**, **maybe** this is a **bad idea**.

Wait. w 소리를 던져야 합니다. **maybe**, **bad**, **idea**도 모두 뱉어야 합니다. 이 문장은 한 단어, 한 호흡처럼 들립니다. 이를 가능하게 하는 것이 연결입니다. this is a 로 모두 붙습니다. '디스이즈어'가 아니라 '디시저'처럼 소리 납니다. 여기까지가 **maybe**에서 **may**를 뱉는 힘에 끌려옵니다. 그리고 다음에 **bad**에서 또 뱉어주는 것이죠.

bad에서 '—'를 붙여 배드' 하고 싶은 것을 참으세요. 뒤에 **idea**까지 이어줍니다. **bad idea**가 한 단어처럼 소리나죠. d 소리는 모음과 모음 사이에 있을 때 ㄹ 소리가 나오면 편합니다. '배드아이디어'가 아니라 '배라이디어'로 이어집니다. **bad** 할 때 a는 입을 크게 벌리는 apple의 [æ]입니다. 입을 작게 벌리면 bed, 침대가 됩니다!

각각 단어로 생각하지 마시고, 모두 한 단어라고 생각하시고 소리로 인식하세요.

④ This is a **terrible idea**.

This is a 앞에서 나온 것처럼 이어줍니다.
terrible idea. 모두 앞에서 다뤘죠. 천천히 해보시고 편해지면 점점 빠르게 해주세요.

소리규칙　형용사 + 명사

보통 형용사 + 명사 구조는 명사가 더 중요한 경우가 많아서 명사에 힘이 들어갑니다. 그러나 이 영상의 경우처럼 언제나 예외는 가능합니다.

자, 이제 소리튜닝 반복 훈련을 시작해볼까요?

Part 3 | 소리 반복 훈련

🎧 MP3 파일 듣기

① I'm gonna **do so many terrible things** with this.

② I **can't help** it.

③ **Wait**, **maybe** this is a **bad idea**.

④ This is a **terrible idea**.

> **TIP** 완전히 외울 때까지 발음하면서 Writing도 반복하세요!

훈련 체크 ☐☐☐☐☐☐☐☐☐☐

Part 4 | 한–영 훈련

① 나 이걸로 정말 많은 나쁜 짓들을 할 거예요.

② 참을 수가 없는데요.

③ 잠깐요, 아마도 이거 안 좋은 생각인 것 같아요.

④ 끔찍한 아이디어예요.

> **TIP** 소리튜닝 배운 대로 하루 동안 틈나는 대로 무한 반복해서 외우세요! 한글을 보면서 영어문장이 자동적으로 떠오를 때까지.

훈련 체크 ☐☐☐☐☐☐☐☐☐☐

I'm gonna do

나 ～할 거야

1. ....

   우리는 정말로 끔찍한 것들을 함께할 거야.

2. ....

   우리는 정말로 재미있는 많은 것들을 함께할 거야.

3. ....

   나는 정말 많은 선행을 할 거야.

4. ....

5. ....

This is a terrible idea

끔찍한 생각이야

1. ....

   좋은 생각이야.

2. ....

   놀라운 생각이야.

3. ....

   끔찍한 생각이었어.

4. ....

5. ....

정답 1. This is a good idea.

2. This is a amazing idea.

3. This was a terrible idea.

Day 8

Believe it or not
믿거나 말거나 / 믿기지 않겠지만

2018년 9월 13일, NBC 〈투나잇 쇼〉에 영화배우 블레이크 라이블리가 출연했습니다. 그녀는 당시 영화 〈부탁 하나만 들어줘(A Simple Favor)〉 시사회에서 속이 비치는 파격적인 옷으로 화제가 되었는데, 지미가 그것을 칭찬하네요. 그런데 블레이크는 사실 그 옷이 지방시의 남성복이라고 밝힙니다.

Part 1 | 오늘의 예습 Today's Preview

 MP3 파일 듣기

① So you guys were out there,

② You were wearing a gorgeous outfit,

③ And I want to show a picture of the outfit that you were wearing.

④ It's actually a men's suit, believe it or not.

① 그래서 거기에 당신들이 있었어요.

② 당신이 거기서 정말 멋진 옷을 입고 있었어요.

③ 그 옷 사진을 보여주고 싶네요.

④ 그거 사실 남자 옷이에요, 믿기 힘들겠지만.

단어와 표현

＊wear [wer 웨얼] where(어디에)과 발음이 같습니다.
  ① 입고(쓰고/끼고/신고/착용하고) 있다
  ② (머리를 특정한 모양으로) 하고 있다 ③ (표정을) 짓고 있다

＊gorgeous [ˈgɔːrdʒəs 골져스] ① 아주 멋진 ② 선명한, 화려한

＊out·fit [ˈaʊtfɪt 아웃핏]
  ① (특별한 경우/목적을 위해 입는 한 벌로 된) 옷 ② (함께 작업하는) 팀
  ③ (특정 목적에 필요한 한 벌의) 장비

① So you **guys** were out **there**,

② **You** were **wearing** a **gorgeous outfit**,

③ And I want to **show** a **picture** of the **outfit**

that you were **wearing**.

④ It's **actually** a **men's suit**, **believe** it or **not**.

① So you **guys** were out **there**,

누누이 말씀드리지만 토크쇼는 최고 난도입니다. 또박또박 발음해주지 않고, 웃으면서 얘기하고, 잡음도 많고, 유머를 알아들으려면 역사와 문화까지 알 필요도 있기 때문입니다. 만약에 일주일째 열심히 하는데도 늘지 않는다고 느끼신다면, 어려운 걸 하고 있기 때문이라고 생각해주세요.

guys, **there**이라는 내용어만 들리면 됩니다. 나머지는 좀 덜 들려도 됩니다.

So you에 힘들어가지 않습니다. 빠르게 지나갑니다. 대신 So가 [soʊ]라서 이중모음 제대로 살려주셔야 합니다. 그리고 **guys**하면 여기까지 d d

D리듬이죠. g 사운드 잘 처리하시고, 끝에는 [z] 사운드입니다.
자음은 특징을 잘 살려야 합니다. ㄱ과 헷갈릴 수 있는데, 나오는 위치가 비슷하기 때문입니다. 하지만 g는 숨이 멈췄다가 터져야 하는 스탑 사운드입니다. 비슷할 뿐 똑같은 사운드는 아닙니다.

were도 기능어기 때문에 정확하게 소리 내진 않지만 그래도 w의 느낌을 살려주셔야 합니다. 입모양은 모아주셔야 합니다. 그리고 r이 있으니까 혀가 입천장쪽으로 들려 있어야 합니다. 기능어도 소리는 내줘야 합니다. 음소 기본 아래에서 살짝 빨라지고 살짝 느슨해질 뿐입니다.
guys were도 어떻게 이어지는지 천천히 들어보고 천천히 소리 내보세요.

out에서 [aʊt] 이중모음 살려주시고요. t 다음에 자음이 오기 때문에 스탑 사운드 처리할 수 있습니다. 살짝 끊어지는 느낌입니다.

전체적으로 **guys**와 **there**에 뱉어주고, 중요한 음소 발음 잘 내주면서 천천히 연습해주세요.

② **You** were **wearing** a **gorgeous outfit**,

You're로 들리기도 하는데 문맥상 were가 어울립니다. 그리고 잘 들어보면 w 사운드가 들립니다. w 사운드를 쏴주진 않습니다. 힘을 주진 않지만 입을 모아서 w 느낌을 살려야 합니다. 그리고 wearing에서 w는 쏴줘야 합니다.

음소단위	w

w 발음은 힘 없는 소리가 아니에요. 아이한테 뽀뽀할 때 하는 느낌을 떠올려보세요. 입술이 쪼그라들면서 힘을 순간적으로 주기 때문에 진동이 느껴집니다. 힘을 팍 주셔야 되는 소리입니다. 배에 역시 힘이 들어갈 수밖에 없습니다.

---

gorgeous를 '골지어스'로 많이들 소리 내는데, [ˈgɔːrdʒəs] 발음기호를 보면 2음절입니다. [ˈgɔːr/dʒəs]죠. 앞에 악센트가 들어갑니다. [ɔr] 발음 조심해야 합니다. r이 뒤에 있는 소리, r 컨트롤 사운드는 r의 영향을 받습니다. r의 힘이 세기 때문이에요. 그래서 앞에 있는 모음의 원래 소리가 살짝 죽습니다. 그래서 [ɔ]를 한국어 '오'처럼 한다고 생각하세요. jam 할 때 나오는 [dʒ] 다음에 슈와 그리고 [s]입니다. 리듬은 sister와 같은 D d입니다.

outfit의 힘은 **out**에 들어갑니다. 입모양이 생각보다 큽니다. '아우' 하고 이중모음 [aʊ] 내주셔야 해요. t 다음에 f 자음이 있으니 살짝 끊어지는 느낌이 살짝 있습니다.

연결해볼까요? **You** were **wearing** a **gorgeous outfit**.

③ And I want to **show** a **picture** of the **outfit**

that you were **wearing**.

And I want to. want to는 축약해서 wanna라고 합니다.
show에서 sh는 계속음 소리입니다. 먼저 나간 다음에 [oʊ]가 와야 합니다. show 다음에 a가 오므로 연결이 일어납니다. w 하고 나서 입모양이 '우'이므로 중간에 w가 있다고 생각하고 이어주세요. '쇼우워' 이런 느낌이죠.
picture. pic 할 때 k 소리입니다. 그 다음에 t가 와서 살짝 끊어졌다가 터집니다. '피크쳐' 아니고 '픽쳐'입니다. 그 다음 of the까지 모두 연결됩니다. 힘들어가지 않습니다.
끝에 the를 '디[ði]'라고 발음합니다. 왜냐하면 다음 단어가 **outfit**, 처음에 o가 들어가니까 '디[ði]'로 바뀌죠.
picture of the. D d d d 입니다.

그 다음 **outfit**으로 또 나갑니다. that은 거의 들리지 않습니다. 무언가 끼어 있는 느낌인데, 있을 만한 것은 that입니다. 그리고 that과 you가 연결됩니다. **outfit** that you were까지 이어지는데 스탑 사운드가 이어서 나옵니다. were 도 잘 들리지 않는데, 문맥상 유추입니다. were **wearing**으로 w가 연달아 나옵니다. 앞 were은 w 소리는 제대로 하되 작게 처리하고 **wea**에서 터집니다.

제대로 꾹꾹 밟으면서 천천히 하다가 조금씩 스피드를 내세요. 그러지 않으면 다 무너집니다.

④ It's **actually** a **men's suit**, **believe** it or **not**.

It's **actually**는 연결됩니다. **actually**[ˈæktʃuəli]의 [æ]는 apple의 것과 같은 것입니다.
men's suit에서 중요한 소리가 2개 있습니다. n이라는 유성음 다음에 나오는 s는 [z] 사운드입니다. 그래서 '맨즈 수트' 이렇게 나올 것 같지만 그렇지 않습니다. 왜냐하면 [z]와 **suit**의 s는 같은 계열입니다. 그래서 '맨수웃'처럼 들려요. 그리고 **suit**에서 [u:] 소리입니다. '우우'인데 뒤가 살짝 떨어집니다.

believe it or **not**은 한 단어처럼 나옵니다. 굉장히 빠릅니다. v 다음에 i, t 다음에 o라서 계속 연결됩니다. 게다가 t 양쪽에 i와 o가 있어서 플랩 t로 ㄹ 소리가 납니다. 그리고 **believe**에서 [i:]도 '이이'인데 뒤가 살짝 떨어지는 소리입니다. 상대 귀에서는 **lie**와 **not**만 들릴 수 있어요. 전체적으로 d D d D입니다.

It's **actually** a **men's suit**, **believe** it or **not**.

자, 이제 소리튜닝 반복훈련을 시작해볼까요?

① So you **guys** were out **there**,

② **You** were **wearing** a **gorgeous outfit**,

③ And I want to **show** a **picture** of the **outfit** that you were **wearing**.

④ It's **actually** a **men's suit**, **believe** it or **not**.

TIP 완전히 외울 때까지 발음하면서 Writing도 반복하세요!

훈련 체크 ☐☐☐☐☐☐☐☐☐☐

Part 4 한-영 훈련

① 그래서 거기에 당신들이 있었어요.

② 당신이 거기서 정말 멋진 옷을 입고 있었어요.

③ 그 옷 사진을 보여주고 싶네요.

④ 그거 사실 남자 옷이에요, 믿기 힘들겠지만.

TIP 소리튜닝 배운 대로 하루 동안 틈나는 대로 무한 반복해서 외우세요! 한글을 보면서 영어문장이 자동적으로 떠오를 때까지.

훈련 체크 ☐☐☐☐☐☐☐☐☐☐

I want to show

나는 보여주고 싶어

1. ....

그는 네게 보여주고 싶어 해.

2. ....

그녀는 피부를 보여주고 싶어한다.

3. ....

4. ....

5. ....

---

believe it or not

'믿기 힘들겠지만', '안 믿을지 모르겠지만'

> 직역하면 '믿든지 말든지'이지만 약간 공격적으로 들릴 수 있고, 응용하기 어려울 수도 있어요.

1. ....

   믿기 힘들겠지만, 그건 사실이야.

2. ....

   믿기 힘들겠지만, 내가 그거 처리할 수 있어.

3. ....

   믿기 힘들겠지만, 사람은 변해.

4. ....

5. ....

정답 1. Believe it or not, it's true.

2. Believe it or not, I can handle it.

3. People do change, believe it or not.

Day 9

I can handle that
제가 감당할 수 있어요

2014년 11월 4일, 미국 NBC의 〈투나잇 쇼〉에 배우 앤 해서웨이가 출연했습니다. 앤은 자신이 당황했던 경험에 대해 말하면서 당황의 척도가 1부터 10까지 있다고 말합니다.

Part 1 | 오늘의 예습 Today's Preview

🎧 MP3 파일 듣기

① So, here's the thing.
② If that's a 10(ten). That was like a 4(four).
③ Yeah, you can get through it.
   You can handle that one.
④ I can handle that.

① 그래서, 이런 거죠.
② 만약 그게 10점이라면, 이건 4정도였어요.
③ 그렇네요. 극복할 수 있는 정도네요. 그건 감당할 수 있잖아요.
④ 제가 감당할 수 있어요.

단어와 표현

＊ **get through** [겟 **쓰**루] 이어동사
    ① 어려움을 극복하다 ② 전화 연락이 닿다 ③ 뭔가를 끝내다
＊ **handle** [ˈhændl **핸**들]
    ① 다루다 ② 만지다, 들다, 옮기다 ③ 취급하다, 거래하다

86

Part 2

오늘의 소리튜닝 Today's Vocal Tuning

소리튜닝 Day9

① So, **here's** the **thing**.

② If **that's** a **10(ten)**. **That** was like a **4(four)**.

③ **Yeah**, you can **get through** it.

You can **handle that** one.

④ I can **handle** that.

① So, **here's** the **thing**.

앤 해서웨이가 내가 생각하는 당황(thing)의 척도는 1부터 10이라고 설명했습니다.

So는 접속사로 기능어가 되는 경우가 많습니다.
here과 **thing**만 상대 귀에 꽂아줍니다. 기능어에 자꾸 힘이 들어간다면 아예 립싱크하세요. 입 모양만 움직이고 상대에게는 안 들려준다는 마음으로요. 그리고 기능어 소리를 조금씩 살려주세요.

② ② If **that's** a **10(ten)**. **That** was like a **4(four)**.

If는 힘들어가지 않습니다.

that은 뱉을 때도 안 뱉을 때도 있는데, 이 영상에서는 정말 많이 뱉었습니다. 그래서 내용어 취급합니다. **that** [ðæt]에서 [ð] 돼지꼬리 소리, [æ] 소리를 제대로 살려줘야 하죠. that에서 마지막 t에 색 표시가 안되어 있는 이유는, **t's** a가 모두 연결되기 때문입니다. **ten**까지 d D d D입니다. t 소리 잘 넣어주세요.

그리고 **That**에서 또 [ð] 돼지꼬리 소리 잘 내주세요. 계속음이라서 새다가 뱉어주세요. **That** was에서는 t 다음에 w 자음 들어가서 살짝 끊어집니다. 그리고 like a까지 중얼거리듯 해주고 다시 **four**에서 뱉어줍니다. **four**에서 제대로 [ɔːr] 사운드 내주세요.

That was like a **four**. D d d d D입니다.

이런 문장도 립싱크해보면 좋죠. **That**과 **four**만 소리 내고 중간 기능어 부분은 립싱크로 볼륨을 0으로 맞추세요. 그리고 1단계로 올리고 또 2단계로 올리면서 연습합니다.

③ **Yeah**, you can **get through** it.

You can **handle that** one.

Yeah는 '예' 하지 않게 조심하세요. 한국어로 굳이 쓰면 '이예'가 됩니다. 이게 빨라서 '예'처럼 들리는 것입니다.

you can에 힘들어가지 않아요. [jə], [kən] 두 모음 다 슈와 소리가 됩니다. 게다가 can은 슈와 소리 뒤에 n이 있어서 슈와 소리가 없어집니다.

get through. get 다음에 t가 나오므로 살짝 끊어집니다. 그런데 발음이 쉽지 않습니다. t 사운드를 하려고 혀를 치경에 댑니다. 그리고 th[θ]를 하려면 혀가 이 사이로 나와야 합니다. 혀가 바쁘죠. t 사운드 뒤에 자음이 오면 살짝 멈추는 느낌이 듭니다. 그 이유는 혀끝을 치경에 대고 호흡을 살짝 멈추기 때문입니다. 그런데 혀끝을 치경에 대지 않아도 목구멍만 살짝 막아도 이런 느낌을 줄 수 있습니다. 그래서 **get through**에서도 굳이 혀를 치경에 대지 않고 목구멍만 살짝 막아줍니다. 혀를 아래에 둔 채로 목구멍만 막아서 t 스탑 사운드 내주고, th[θ]를 위해 혀를 이 사이로 살짝 가져옵니다.

그리고 **through**에서 [uː] 소리는 뒤가 살짝 떨어지는 '우우'입니다. it까지는 연결됩니다.

You can까지 또 모두 슈와 소리가 됩니다. can에서는 n 앞이니까 없어지고요. 술취한 듯합니다. 그리고 **handle**만 알아들어도 무슨 말 하는지 알아들을 수 있습니다.

one이 [wʌn]으로 소리 내기 때문에 **that** one에서 중간에 살짝 끊어집니다.

④ I can **handle** that.

handle만 들리면 됩니다. **han** 빼고 모두 립싱크로 연습하고, 익숙해지면 기능어를 조금씩 살리세요. 상대방에게는 **handle**, 그중에서도 **han**만 들려준다고 생각하세요.

자, 이제 소리튜닝 반복 훈련을 시작해볼까요?

Part 3　소리 반복 훈련

🎧 MP3 파일 듣기

① So, **here's** the **thing**.

② If **that's** a **10(ten)**. **That** was like a **4(four)**.

③ **Yeah**, you can **get through** it.

　　You can **handle that** one.

④ I can **handle** that.

> **TIP**　완전히 외울 때까지 발음하면서 Writing도 반복하세요!

　　　　　　　　　　　훈련 체크 ☐☐☐☐☐☐☐☐☐☐

Part 4　한–영 훈련

① 그래서, 이런 거죠.

② 만약 그게 10점이라면, 이건 4정도였어요.

③ 그렇네요. 극복할 수 있는 정도네요.

　　그건 감당할 수 있잖아요.

④ 제가 감당할 수 있어요.

> **TIP**　소리튜닝 배운 대로 하루 동안 틈나는 대로 무한 반복해서 외우세요! 한글을 보면서 영
> 어문장이 자동적으로 떠오를 때까지.

　　　　　　　　　　　훈련 체크 ☐☐☐☐☐☐☐☐☐☐

get through it

극복하다

> get은 뜻이 정말 많습니다. get의 뜻 중에 '도착하다, 도달하다, 가다'를 뽑아봅시다. 그래서 get through라고 하면 '처음부터 끝까지 통과해서 어딘가에 도달하다'라는 뜻을 가집니다. 처음부터 끝까지 하려면 힘들었겠죠. 힘든 것을 모두 이겨내고 도달한 것입니다. 그래서 '극복하다'라는 뜻으로도 쓰입니다.

1. ....

   우리 그걸 같이 극복하자.

2. ....

   너는 그거 극복할 거야.

3. ....

   너 이 상황 극복하고 싶어?

4. ....

5. ....

> **정답** 1. We'll get through it together.
> 2. You're gonna get through this.
> 3. You wanna get through this?

It's not fair at all
이건 전혀 공평하지 않아

2017년 10월 24일, ABC 〈지미 키멜 라이브(Jimmy Kimmel Live)〉에 배우 조지 클루니가 출연했습니다. 조지가 쇼에 나와서 진행자 지미에게 본인의 쌍둥이를 보여주겠다고 하고 있는 장면입니다. 그런데 아무래도 아닌 거 같죠?

Part 1 | 오늘의 예습 Today's Preview

🎧 MP3 파일 듣기

① I feel like you betrayed me in a way,

② bringing him in here and... It's not fair at all.

③ I just... I thought I'd bring out the kids.

④ Yeah, okay, that would be nice.

① 어떤 면에서는 당신이 나를 배신한 느낌이에요.

② 저분을 여기에 데려오고… 이건 전혀 공평하지 않아요.

③ 저는 그냥… 아이들을 데리고 나오고 싶었어요.

④ 네, 그건 좋은데….

단어와 표현

* **betray** [bɪˈtreɪ 비**츄레**이]
  ① (적에게 정보를) 넘겨주다 ② 배신하다, 저버리다
* **bring** [brɪŋ 브**링**]
  ① 가져오다, 데려오다 ② 제공해주다 ③ 움직이게 하다
* **fair** [fer **페**얼]
  ① 타당한, 온당한 ② 공정한, 공평한 ③ (수, 크기, 양이) 상당한

Part 2 오늘의 소리튜닝 Today's Vocal Tuning

① I **feel** like **you betrayed** me in a **way**,

② **bringing** him in **here** and... It's **not fair** at **all**.

③ I just... I **thought** I'd **bring** out the **kids**.

④ **Yeah**, **okay**, **that** would be **nice**.

---

① I **feel** like **you betrayed** me in a **way**,

중요한 내용어인 **feel**, **you**, **betrayed**, **way**를 중심으로 기능어로 늘려가시는 게 좋습니다. 리듬을 타는 게 훨씬 쉬워집니다.

I **feel** like(d D d). '아이 필 라이크' 하시면 안 됩니다. 내용어는 **feel** 입니다. **you**는 '네가'가 강조되는 느낌이라 원래 기능어로 많이 처리하지 만 여기에서는 뱉어줘요. **you**에 뱉어주려면 y 소리를 잘 해야 합니다.

> **음소단위** y 사운드
>
> 스마일 상태에서 혀끝으로 아랫니 안쪽을 꾹 누르면 혀의 본체가 위로 들립니다. 그래 서 입천장과 공간이 좁아집니다. 탁한 소리가 나요. 배가 움찔하고 꿀렁댑니다.

이 문장에서 가장 중요한 부분은 **betrayed** 입니다. tr 사운드는 편하게 t를 ch로 내줍니다.

끝에 d 소리는 안 들립니다. 혀끝으로 천장 눌렀다가 끊어지는 느낌으로 냅니다.

me in a까지 기능어는 모두 이어집니다. 그리고 **way**에서 나갑니다. 이때 y 사운드도 잘 뱉어주셔야 해요.

feel, **you**, **betrayed**, **way**까지 내용어 악센트 뱉으면서 호흡으로 자연스럽게 이어주는 거예요. 몸짓을 함께하면서 리듬을 느껴보세요.

② **bringing** him in **here** and… It's **not fair** at **all**.

여기서 him은 맷 데이먼이죠.

bringing him in **here**. 중간이 다 뭉개지는 느낌이 들죠? 특히 h에서 힘이 빠지다 보니까 소리가 거의 떨어져서 들리는 것입니다. 그래서 **bringing** him이 아니라 **bringing** im 이 정도예요. 그 다음 in 모음에 연결됩니다. 그래서 min이라고 들릴 정도입니다.

It's **not fair** at **all**. **not**에 뱉고, t 뒤에 자음 f가 오므로 스탑 사운드입니다. It's **not** 하고 끊어주는 느낌을 주세요. 굳이 한국어로 쓴다면 '난페얼'이 아니라 '낫페얼'이 됩니다.

③ I just... I **thought** I'd **bring** out the **kids**.

I just. '나는 그냥...' 하면서 변명을 하죠.
I'd는 [aɪd]나 더 빠르게 하면 [əd]로 소리 내기도 합니다. 그 앞의 **thought**의 gh
는 묵음이라 t를 중심으로 양쪽이 모음이 됩니다. 그래서 플랩 t 처리가 되어 ㄹ로
소리납니다. 그러면 '썻아이드'가 아니라 '써라이드'가 됩니다. d 다음 **bring**이 나오
면서 자음이 오기 때문에 살짝 끊어지는 스탑 사운드입니다.
kids의 끝은 [z] 사운드입니다. d 다음 z이기 때문에 혀를 입천장에 대고 바로 뭉개
면서 소리 내세요.

④ **Yeah**, **okay**, **that** would be **nice**.

Yeah. y 사운드 '이예'를 빠르게 하는 느낌으로 뱉습니다.
그리고 **okay**. kay에 강세 있습니다.
that would be에서 **that** 다음에 살짝 끊어집니다. w는 쏘진 않지만 살려줍니다.
nice까지 내용어입니다.

자, 이제 소리튜닝 반복 훈련을 시작해볼까요?

① I **feel** like **you betrayed** me in a **way**,

② **bringing** him in **here** and... It's **not fair** at **all**.

③ I just... I **thought** I'd **bring** out the **kids**.

④ **Yeah**, **okay**, **that** would be **nice**.

> **TIP** 완전히 외울 때까지 발음하면서 Writing도 반복하세요!

훈련 체크 ☐☐☐☐☐☐☐☐☐☐

Part 4 한-영 훈련

①어떤 면에서는 당신이 나를 배신한 느낌이에요.

②저분을 여기에 데려오고… 이건 전혀 공평하지 않아요.

③저는 그냥… 아이들을 데리고 나오고 싶었어요.

④네, 그건 좋은데….

> **TIP** 소리튜닝 배운 대로 하루 동안 틈나는 대로 무한 반복해서 외우세요! 한글을 보면서 영어문장이 자동적으로 떠오를 때까지.

훈련 체크 ☐☐☐☐☐☐☐☐☐☐

in the way

방해하다 (the way : 내가 가려고 하는 바로 그 길)

1. ....

그녀가 방해해.

2. ....

사람들이 방해해.

3. ....

4. ....

5. ....

in a way

어떤 면에서는

1. ....

   어떻게 보면 네가 나를 배신했잖아.

2. ....

   사실, 어떤 면에서는 넌 참 괜찮아.

3. ....

4. ....

5. ....

정답　1. You betrayed me in a way.

2. Actually. in a way you're all right.

on the way

～에 가는 길이다

1. ....

집에 가는 길이야.

2. ....

3. ....

4. ....

5. ....

한영 훈련 중첩 복습

DAY 1

① 유엔에서 연설을 하셨다면서요.

② 네.

③ 어땠어요? 멋졌나요?

④ 아시다시피, 저… 저는… 정말 긴장했어요.

DAY 2

① 몇 살이죠?

② 스무 살이 될 거예요.

③ 스무 살이 된다고요?

④ 네.

⑤ 아직 스무 살도 안 됐어요?

⑥ 아직요.

DAY 3

① 제가 첫 남자친구를 만났을 때가 15살 때쯤이었어요.

② 진지했나요?

③ 네, 1년 정도 만났어요.

④ 그럼, 키스나 이것저것 해봤겠네요?

DAY 4

① 너 입으로 따라 하잖아… 입 모양으로 댄의 대사를 하고 있잖아.

② 그럼 저는 "아, 진짜 죄송합니다.

③ 정말 죄송해요. 죄송해서 어쩌죠!

④ 그런데 정말 어쩔 수가 없어요."

DAY 5

① 괜찮니, 친구?

② 무슨 문제 있어?

③ 아, 너 이 쇼를 좋아하지 않는구나. 그렇지?

④ 당신이 곰 엄마가 아니라서 그래요.
⑤ 아, 지금 엄마 곰이랑 같이 있고 싶어 하는군요.

DAY 6

① 안녕, 아가야, 안녕.
② 죽을 것 같아요.
③ 말씀하시는 것에 집중조차 못하겠어요.
④ 저는 버즈피드와 있고, 작고 귀여운 고양이들과 놀고 있어요.
⑤ 오늘 하루 너무 행복하네요.

DAY 7

① 나 이걸로 정말 많은 나쁜 짓들을 할 거예요.
② 참을 수가 없는데요.
③ 잠깐요, 아마도 이거 안 좋은 생각인 것 같아요.
④ 끔찍한 아이디어예요.

DAY 8

① 그래서 거기에 당신들이 있었어요.
② 당신이 거기서 정말 멋진 옷을 입고 있었어요.
③ 그 옷 사진을 보여주고 싶네요.
④ 그거 사실 남자 옷이에요, 믿기 힘들겠지만.

DAY 9

① 그래서, 이런 거죠.
② 만약 그게 10점이라면, 이건 4정도였어요.
③ 그렇네요. 극복할 수 있는 정도네요. 그건 감당할 수 있잖아요.
④ 제가 감당할 수 있어요.

DAY 10

① 어떤 면에서는 당신이 나를 배신한 느낌이에요.
② 저분을 여기에 데려오고… 이건 전혀 공평하지 않아요.
③ 저는 그냥… 아이들을 데리고 나오고 싶었어요.
④ 네, 그건 좋은데….

Special class 1

진짜 마음에 불을 지필 수 있는 동기를 만들어라

"선생님, 영어를 잘하는 방법이 뭐예요?"

저는 주저 없이 대답합니다.

"영어를 잘하고 싶은 만큼 영어를 사랑해보세요. 영어를 내 인생에서 한 번쯤은 1순위로 만들어주세요. 영어는 사랑해주는 만큼 나에게 보답합니다."

저에게 있어서 영어를 가르치는 것보다 더 중요한 것은 동기 부여입니다. 계속 훈련할 수 있게끔 연구하는 것이죠. 제가 영어를 가르치면서 느끼는 것은 대부분의 사람들에게 영어가 그리 절실하지 않다는 것입니다. 운동과 같아 보입니다. 우리는 살기 바쁩니다. 할 일도 많아요. 영어가 중요한 것을 압니다. 잘하고 싶습니다. 그런데 계속 우선순위에서 밀립니다. 대한민국 대부분 사람들의 버킷리스트에는 놀랍게도 남녀노소 할 것 없이 10위권 내에 '영어 마스터하기', '영어 잘하기'가 있습니다. 죽기 전에 이루고 싶은 꿈, 우리에게 영어는 그런 존재입니다. 딱히 공부하고 싶지는 않지만 그냥 저절로 잘하게 됐으면 하는 것이죠.

〈소리튠 영어〉의 가장 큰 장점은 '마인드 코칭'입니다. 사실 하라는 대로 전부 할 수 있으면 대한민국 사람들 다 원어민처럼 술술 말하겠죠. 그런데 우리는 우리 자신을 너무 잘 압니다. 자기 자신을 채찍질할 정도로 모진 사람이 아니라는 것을, 그리고 타협을 아주 좋아한다는 것을.

멋진 동기가 아니어도 좋습니다. 진짜 마음에 불을 지필 수 있는 동기를 만들어내세요!

Chapter 2

Day 11
|
Day 20

I am improving each day.
나는 매일 성장한다.

That's what I wanna do
저게 내가 하고 싶은 거야

배우 줄리안 무어의 스크린 테스트 인터뷰 영상입니다. 2010년 2월 26일 미국 잡지 〈매거진 T〉 공식 홈페이지에 공개되었는데, 어쩌다가 영화를 하게 되었는지에 대한 질문에 대답하고 있습니다.

Part 1   오늘의 예습 Today's Preview

🎧 MP3 파일 듣기

① But you know,

　 I just, I didn't think of movies that way.

② And for the first time, I thought,

③ "Who is that?" you know,

　 "Who made that movie?"

④ And I thought, "That's what I wanna do."

① 근데, 영화를 그런 식으로 생각해본 적 없어요.

② 처음으로, 생각했어요.

③ "저게 누구지?" "누가 저 영화를 만들었지?"

④ 그리고 "저게 내가 하고 싶은 거야."라고 생각했어요.

단어와 표현

＊movie ['muːvi **무비**]   ① 영화
＊for the first time   처음으로

① **But** you know,

I just, I **didn't think** of **movies that way**.

② And for the **first time**, I **thought**,

③ "**Who** is **that**?" you know,

"**Who made that movie**?"

④ And I **thought**, "**That's what** I wanna **do**."

① **But** you know,

I just, I **didn't think** of **movies that way**.

과거 이야기라서 회상하는 느낌으로 말합니다. 지적으로 보이는 느낌은 아닙니다. 편안한 분위기입니다.

But은 원래 기능어인데 세게 나왔습니다. 숨 마시고 한숨 뱉듯 b 사운드 뱉어주세요. 그리고 you know. 그 다음에 I just 하고 약간 더듬습니다.

말을 살짝 바꿨죠.

그 다음에 I **didn't think**라는 내용어 나옵니다. 내용어를 잘 뱉으려면 실제로 숨을 마시고 뱉으세요. 그런데 내용어가 연달아 있기 때문에 여기서는 **didn't**에 힘을 줬죠.

think of는 끊어지지 않습니다. 자음 + 모음이므로 **think**of 이렇게 한 단어처럼 붙습니다. k가 o와 붙으면서 '씽꺼ㅂ'처럼 된소리가 되죠.

그 다음 **movies**라는 내용어가 나옵니다. ['muːvi]에서 [uː]는 '우우'입니다. 뒤가 살짝 수렴되어 미끄러집니다. 입술을 모아주세요. 유성음 모음 다음에 오는 s는 [z] 사운드입니다.

that way도 둘 다 내용어이므로 둘 다 뱉습니다. **that**은 기능어 처리해도 되고 내용어 처리해도 됩니다. 여기에서는 내용어 처리합니다.

② And for the **first time**, I **thought**,

And for the은 거의 안 들립니다. and도 [n] 정도로 소리나죠. for도 기능어이므로 [fɔː(r)] 할 시간이 없습니다. [fə(r)]로 빠르게 힘없이 합니다.

그리고 **first**에서 터집니다. for the는 립싱크하듯 하고 **first**에서 터집니다. 그런데 **first time** 둘 다 터지죠. 영상에서는 **first**에 힘이 더 훅 들어갔어요.

I **thought**으로 나가는데, **thought**[θɔːt]에서 [ɔː] 소리 잘해주세요. 끝에 t는 소리 내도 되고 스탑 사운드로 마무리해도 됩니다.

> **음소단위** [ɔː]
> '어' 한 상태에서 턱이 툭하고 내려가요. [θ]는 혀가 이 사이에 있다가 뱉어지는 소리입니다. 스탑했다가 바로 '떠' 아닙니다. 약간 새다가 뱉어야 합니다.

③ "**Who** is **that**?" you know,

"**Who made that movie**?"

Who에서 앞에 숨을 마신 느낌이 있습니다. h가 숨을 뱉는 소리고, '우' 하면 됩니다. 한국어 '후'를 세게 하는 느낌으로 하면 목만 아픕니다. 한숨 뱉듯하면 됩니다. 그다음 **that**을 더 뱉을지, 아니면 **who**를 더 뱉을지는 결정하면 됩니다. 내용어들 사이에 힘 조절을 통해 뉘앙스를 다르게 갈 수 있습니다.
Who is **that**? "저 사람 누구지?" 이렇게 처음에 생각했다는 뜻입니다.

you know는 힘 주려고 하지 마세요. 지나가는 소리죠. 필러입니다.

> **TIP** 영어에서는 필러(filler)가 굉장히 자연스럽죠. 영어는 생각하고 말하는 것보다 계속 입으로 뭔가 말합니다. you know, well, I guess, umm, I mean, yeah. 말하면서도 머릿속은 계속 생각하고 있습니다. 어떤 의미가 있는 게 아니라 생각의 버퍼링입니다. 그러니까 여기에 힘을 줘서 강조하면 안 되겠지요?

Who made that movie? 모두 내용어입니다. 하지만 다 세게 뱉으면 힘듭니다. **Who**에 힘을 줄 수도 있고 **made**에 힘줄 수 있고, **movie**에 힘줄 수도 있습니다. 영상에서는 **Who**와 **that**에 힘이 좀 더 들어갔어요. D d D d 리듬이죠. '저' 영화 '누가' 만든거야? 이렇게 강조하는 거죠. 다 힘 줄 수는 없으니까요.

that movie의 중간이 살짝 끊어집니다. t 다음에 자음 m이 오기 때문이죠. 혀 끝이 치경에 닿았다가 '트' 하고 터지지 않고 멈춥니다. that[ðæt]의 [ð] 돼지꼬리 소리 제대로 뱉어줍니다.

> **음소단위** [ð]
> 혀를 이 사이에 내고, 혀와 이 사이에 진동이 느껴져야 합니다. 그리고 새다가 뱉어줍니다.

④ And I **thought**, "**That's what** I wanna **do**."

And I는 특히 d가 거의 안 들렸습니다. 그리고 And I **thought**까지 d d D 리듬이죠.
That's what I wanna **do**. 저게 내가 하고 싶은 일이야.

That's에서도 [ð] 돼지꼬리 소리 제대로 합니다. 끝에 **t's**는 합쳐져서 '츠' 같은 소리가 납니다.
what은 내용어입니다. **That**이 세게 뱉어주기는 했지만 w도 잘 들려줘야 합니다.

자, 이제 소리튜닝 반복 훈련을 시작해볼까요?

My challenges bring me better opportunities.
나의 도전은 나에게 더 좋은 기회를 가져다 준다.

영어에 대한 자신감을 가장 좋은 방법은 매일 작은 목표라도 달성하는 것입니다. '나는 영어를 못해.', '이번에도 안 될 거야.' 이런 부정적인 마인드는 오랜 시간 쌓여온 것이기 때문에 하루 아침에 사라지지 않습니다. 잘게 쪼개서 녹여야 합니다. 자신감을 가지자고 백날 말해도 그냥 생기지 않습니다. 작은 도전이라도 매일 해서 영어에 대한 긍정적인 경험을 쌓아나가세요!

Part 3 | 소리 반복 훈련

🎧 MP3 파일 듣기

① **But** you know,

I just, I **didn't think** of **movies that way**.

② And for the **first time**, I **thought**,

③ "**Who** is **that**?" you know,

"**Who made that movie**?"

④ And I **thought**, "**That's what** I wanna **do**."

TIP 완전히 외울 때까지 발음하면서 Writing도 반복하세요!

훈련 체크 ☐☐☐☐☐☐☐☐☐☐

Part 4 | 한-영 훈련

① 근데, 영화를 그런 식으로 생각해본 적 없어요.

② 처음으로, 생각했어요.

③ "저게 누구지?" "누가 저 영화를 만들었지?"

④ 그리고 "저게 내가 하고 싶은 거야."라고 생각했어요.

TIP 소리튜닝 배운 대로 하루 동안 틈나는 대로 무한 반복해서 외우세요! 한글을 보면서 영어문장이 자동적으로 떠오를 때까지.

훈련 체크 ☐☐☐☐☐☐☐☐☐☐

That's what I wanna do. = That's what I want to do.

그게 바로 내가 원하는 거야.

1. ....

   그게 내가 듣고 싶은 거야.

2. ....

   그게 네가 말하고 싶은 거지?

3. ....

   그건 내가 원하는 게 아냐.

4. ....

   그건 사람들이 듣고 싶은 게 아냐.

5. ....

6. ....

7. ....

8. ....

9.

10.

11.

12.

13.

14.

15.

I am improving each day.
나는 매일 성장한다.

영어는 운동입니다. 특히나 입 근육을 쓰는 운동이죠. 한국어를 하면서
는 쓰지 않던 근육을 반복적으로 훈련해서 편하게 만들어야 합니다. 정
확한 소리, 즉 발음은 입 모양, 이, 혀, 턱 구조로 만들어지기 때문입니
다. 한 단어, 한 음절을 지나치지 말고 끈질기게 해보세요. 영상을 보더
라도 입 모양까지 따라 하겠다는 마음으로 훈련해보세요. 어느새 그들처
럼 소리 내고 있는 자신을 발견하게 될 것입니다!

Day 12

I will say
그건 인정해요

2014년 5월 30일, 영국 BBC 〈그레이엄 노튼 쇼(The Graham Norton Show)〉에 배우 에밀리 블런트와 톰 크루즈가 출연했습니다. 긍정 대마왕인 톰 크루즈의 정신을 에밀리 블런트가 어떻게 짓밟았는지에 대해 질문하고 있습니다.

Part 1 · 오늘의 예습 Today's Preview

🎧 MP3 파일 듣기

① Yeah, "we can do this."
② Is it true that Emily Blunt did
   break your spirits?
③ It was a particularly hard day, I will say.
④ It was a very hard day.

① 그래요, "우린 할 수 있어."
② 에밀리 블런트 씨가 그 정신을 짓밟은 게 사실인가요?
③ 특히나 힘든 날이었어요. 그건 인정해요.
④ 아주 힘든 날이었어요.

단어와 표현

* break [breɪk 브뤠이ㅋ]
  ① 깨지다, 부서지다 ② 깨다, 부수다 ③ 고장나다, 고장내다
* spirit [ˈspɪrɪt 스삐릿] ① 정신, 영혼 ② 기분, 마음 ③ 기백, 활기
* particularly [pərˈtɪkjələrli 펄티큘러리] ① 특히, 특별히

116

Part 2 　오늘의 소리튜닝 Today's Vocal Tuning

소리튜닝 Day12

① **Yeah**, "we can **do** this."

② Is it **true** that **Emily Blunt did**

break your **spirits**?

③ It was a **particularly hard day**, I **will say**.

④ It was a **very hard day**.

① **Yeah**, "we can **do** this."

y 사운드에 집중해주세요. y 사운드는 어려운 소리입니다. 그런데도 보통
잘 낸다고 생각하는 소리죠. **Yeah**는 들릴 때는 '예'로 들리지만, '이예'를
빨리 말한다고 생각하세요.

음소단위　y

혀 끝으로 아랫니 아래쪽을 꾹 눌러야 해요. 꾹 누르면 혀 본체가 살짝 앞으로 가서 입
천장과 가까워집니다. 공기가 통할 공간이 없어서 마찰 소리가 납니다. 약간 탁한 소리
죠.

---

we can **do** this(d d D d). we can 힘주지 않아요. 그 다음 **do**에 d 음소단위 제대로 해서 소리 냅니다. [du:]에서 [u:] 사운드인데, 처음부터 끝까지 '우' 하면 둔탁합니다. '우우' 하되 뒤가 살짝 작아지면서 입술이 수렴하는 느낌이 있어야 해요.. Oo 이런 느낌입니다.

한 호흡으로 나가는 것이 포인트입니다. y 사운드에 뱉어주고 나머지를 끌고 온다고 생각하세요.

음소단위   **d**

d와 t는 한 쌍입니다. t는 이미 배웠어요. 혀를 치경(입천장에서 톡 튀어나온 부분)에 댑니다. 혀의 완전 끝이 아니고, 혀의 앞부분입니다. 입천장과 혀가 닿는 단면적이 좀 있어야 그만큼 힘이 더 들어갑니다. 완전 혀 끝을 위치시키면 일단 부자연스럽고 단면적이 작아서 소리가 크게 안 터져 나와요. 그 상태에서 소리 없이 나오면 t 소리인 거고 거기에서 소리를 주면 d 소리가 나오는 겁니다.

---

② Is it **true** that **Emily Blunt did break** your **spirits**?

true는 '트루'라고 발음하지 않습니다. tr 발음은 chr 소리로 하면 좀 더 편하게 소리를 낼 수 있습니다. tr로 한다고 틀린 것은 아닙니다. 역시 [u:] 사운드입니다. 입모양을 '츄' 라고 하고 훅! 던져주시면 정확한 소리가 나옵니다.

Emily는 모음에 강세가 있습니다. 이런 경우에도 무작정 늘리면 안 됩니다. 뱉어줘야 합니다.

TIP   보통 영어에서 이름을 표기할 때 이름 + 성 이렇게 표기하죠. 사람 이름은 보통 이름에 힘이 들어갑니다.

---

did는 구조상 없어도 되는데 강조하기 위해서 씁니다. **break**를 강조한 것이죠. broke라고 해도 되지만 강조하기 위해 **did break**를 썼습니다. 강조이기 때문에

뱉어줍니다.

break. br은 이중자음이므로 둘 다 제대로 나와줘야 합니다. b는 터집니다. r의 입 모양으로 b를 터트린다고 생각하세요. k 사운드 다음에 자음이 나오므로 스탑 사운드로 끊어집니다. 하지만 k 다음에 y가 나오는 경우 소리가 이어집니다. 이때 된소리가 나오면서 your까지 '뀨얼'로 나는 거죠.

spirit도 sp 이중자음입니다. 한 음절이 **spir**인데, ir은 year 사운드입니다. 배를 꿀렁꿀렁하게 하는 것은 s 사운드입니다. 먼저 강세 있는 이 한 음절만 연습하세요. 그리고 나머지 호흡으로 끌고 옵니다.

> **소리규칙** s 다음에 p니까 역시 된소리가 나오죠. 그래서 s 샜다가 p. 그래서 '삐'라고 발음하죠.

뱉는 소리만 우선 뱉어봅시다.
true Emily Blunt did break spir

그리고 각각 뱉는 소리를 중심으로 연결해줍니다.

Is it **true** that (d d D d)
Is it **true** that **Emily Blunt did**
Is it **true** that **Emily Blunt did break** your **spirits**?

천천히 연습하면서 편하게 하고 점점 빠르게 합니다. 호흡을 이용하지 않으면 뭔가 불편해집니다. 조금만 문장이 길어져도 힘들어요.

> **TIP** 뱉는 게 뭔지 모르겠다면 영국식 영어를 해보세요. 영국식 영어에서 뱉는 소리가 훨씬 더 잘 느껴집니다.

③ It was a **particularly hard day**, I **will say**.

어려운 단어는 **particularly**입니다. [pərˈtɪkjələrli] 긴 단어인데도 강세가 1개 뿐입니다. 나머지는 힘을 다 빼도 됩니다. d D d d d 리듬이죠. par의 모음은 슈와 r 사운드입니다. 힘 뺍니다. **ti**에서 소리 나가고 그 뒤로 **cularly**에서 [k] 소리도 힘이 빠져서 된소리가 나는데 y와 합쳐져서 '뀨' 같은 소리가 납니다. 아까 **break** you 할 때와 비슷한 구조죠.

ti– ti– ticu– ticu– ticularly– ticularly– particularly.

긴 단어는 내뱉는 음절 위주로 붙여 나가면서 연습하세요.

hard day는 '하드 데이' 아닙니다. **hard**에서 혀를 입천장에 댔다가 바로 **day**하 고 터집니다. 중간에 같은 소리가 있으므로 'harday' 이렇게 이어서 한 단어처럼 소 리 내줍니다.

I **will say**에서 **will**은 원래 기능어지만 내뱉어서 강조했습니다. w 소리 잘해주 세요.

ti– ti– particularly.
It was a **particularly**
It was a **particularly hard day**,
It was a **particularly hard day**, I **will say**.

I **will say**는 I will say that의 줄임말입니다. '나는 그렇게 말할 거야.'라는 뜻 이죠. 상대가 무엇을 이야기했을 때 동의할 때 이야기합니다. That's very true. I agree.

④ It was a **very hard day**.

가장 많이 강조하고 싶은 것이 **very**죠. v 사운드 제일 잘하셔야 해요. 무작정 크게 하거나 높은 음으로 하라는 말이 아니라 가장 많이 뱉어야 합니다. 윗니로 아랫 입술 물고 터져줍니다. 그리고 **hard day**는 **very**에서 나갔다 들어오는 소리로 처리해 줍니다. **hard day**도 내용어라서 대충 발음할 수는 없습니다. 뱉어주긴 뱉어줘야 합니다. 하지만 **very**가 훨씬 더 많이 뱉어줍니다.

한 문장에서 가장 강조하고 싶은 것을 가장 뱉고, 나머지는 쑥 따라오게 만드는 것입니다. '아해' 하는 순간 아무리 긴 문장이어도 한 호흡에 나올 수 있습니다.

자, 이제 소리튜닝 반복 훈련을 시작해볼까요?

① **Yeah**, "we can **do** this."

② Is it **true** that **Emily Blunt did**

  break your **spirits**?

③ It was a **particularly hard day**, I **will say**.

④ It was a **very hard day**.

> **TIP** 완전히 외울 때까지 발음하면서 Writing도 반복하세요!

훈련 체크 □□□□□□□□□□

Part 4 한-영 훈련

①그래요, "우린 할 수 있어."

②에밀리 블런트 씨가 그 정신을 짓밟은 게 사실인가요?

③특히나 힘든 날이었어요. 그건 인정해요.

④아주 힘든 날이었어요.

> **TIP** 소리튜닝 배운 대로 하루 동안 틈나는 대로 무한 반복해서 외우세요! 한글을 보면서 영
> 어문장이 자동적으로 떠오를 때까지.

훈련 체크 □□□□□□□□□□

Is it true that

∼라는 게 진짜야?

1. ....

   에밀리 블런트가 너의 그 정신을 짓밟은 게 진짜야?

2. ....

3. ....

4. ....

5. ....

정답   1. Is it true that Emily Blunt did break your spirits?

Day 13

I keep asking myself
저도 제 자신에게 계속 물어봐요

2017년 11월 1일, 영국 BBC 'Radio 1' 채널에서 영화 '어벤져스' 시리즈의 '헐크' 역으로 유명한 배우 마크 러팔로의 인터뷰 영상이 공개되었습니다. 마크가 어떻게 헐크가 될 수 있었는지 물어보는 장면입니다.

Part 1 오늘의 예습 Today's Preview

🎧 MP3 파일 듣기

① You're the Hulk.

② How the heck did that happen?

③ I keep asking myself that all the time.

④ I have no idea.

① 당신은 헐크잖아요.

② 도대체 어떻게 그런 일이 일어난 거예요?

③ 저도 항상 제 자신에게 물어봐요.

④ 모르겠어요.

단어와 표현

＊**heck** [hek **헥**] 젠장, 제기랄

＊**happen** ['hæpən **해쁜**] (특히 계획하지 않은 일이) 있다, 발생하다

＊**all the time** 내내, 아주 자주, 쉴 새 없이

① **You're** the **Hulk**.

② **How** the **heck** did that **happen**?

③ I **keep asking myself** that **all** the **time**.

④ I **have no idea**.

① **You're** the **Hulk**.

You're은 입에 붙여놓으세요. your과 발음이 같습니다. 그 다음 **Hulk**
에서 힘이 들어갑니다. h 소리는 촛불 부세요. '후~' 하고 제대로 뱉어주
세요!

음소단위 Dark l

l 발음이 끝에 있는(모음 뒤에 나오는) l은 Dark l이라고 합니다. 우리가 보통 알고
있는 l은 Light l이라고 해요. Dark l은 못 하겠으면 안 해도 됩니다. 혀 끝을 치경
에 대고 그냥 Light l로 발음해도 됩니다. 그런데 Dark l을 살려주면 2단계가 됩니
다. 혀 안쪽이 목구멍 쪽으로 당겨졌다가 혀 끝이 다시 치경으로 갑니다. 물결치죠. 복
잡하니까 1단계에서 끝나는 경우도 많습니다. 혀 안쪽을 목구멍 쪽으로 당기는 거죠.
혀 안쪽이 간질간질하게 올라온다고 생각하세요.

You're the **Hulk**(D d D)를 한 단어로 생각하시고 **Hulk**를 1강세, **You**를 2 강세로 처리하세요. **You**는 힘을 빼셔도 됩니다. 이 영상에서는 **You**를 강조했습니다. '당신은'을 강조한 거죠.

② **How** the **heck** did that **happen**?

the **heck**을 빼도 말이 됩니다. '어떻게 이런 일이 일어났냐?' **How** did that **happen**? the **heck**을 넣으면 '도대체' 어떻게 이런 일이 일어났냐는 질문이 됩니다. 조금 강조해서 말하는 느낌이죠.

TIP 이 표현 들어보셨나요? What the heck? 원래 What the hell?을 많이 쓰는데 hell은 지옥이잖아요. 욕이니까 hell 하지 않고 heck으로 바꿔서 순화해서 많이 씁니다.

How에서 모음은 [aʊ]입니다. 입 모양이 생각보다 큽니다. apple의 [æ] 입 모양에서 혀 안쪽을 쑥 누릅니다. '아'가 나옵니다. 이걸로 시작합니다. 그리고 **heck**에서 배가 꿀렁대는 느낌이 있어야 합니다. 그리고 **happen**에서도 h 소리 내줍니다.

소리규칙 happen할 때 입을 크게 벌리세요. 그 다음 p에 강세가 없으면 보통 된소리가 납니다. 그래서 '해픈'이라고 소리 내지 않고, '해쁜'이라고 소리 냅니다. '해픈'이 틀린 건 아닙니다.

How heck happen
How the **heck** did that **happen**?

뱉는 h 소리들 모두 뱉어보고, 천천히 이어봅니다.

끊어지는 느낌이 납니다. **heck**의 k 다음에 자음이 오니 살짝 끊어집니다. that 다음에 h가 오니 또 살짝 끊어집니다. did that에서 d와 t가 있죠. that에서 돼지꼬리 소리 [ð]가 납니다. 힘이 빠지면 혀가 이 사이로 나올 시간이 없는데, 이때 나는 소리가 힘빠진 d와도 비슷합니다. 그래서 자연스럽게 하나처럼 이어지죠.

③ I **keep asking myself** that **all** the **time**.

that과 **all** 사이에 my, might, mate 같은 소리가 들리기도 합니다. 하지만 구조상 my와 might는 불가능합니다. 그나마 mate가 가능합니다. 사회자를 지칭하면서 말할 수 있죠. 하지만 들리는 소리가 mate랑은 거리가 좀 있습니다. mate를 might처럼 잘못 발음했을 수도 있고, 약간 더듬다가 말이 꼬였을 수도 있죠. 그래서 이 부분은 빼고 문장 가겠습니다.

keep에서 k 사운드 뱉어야 배가 꿀렁댑니다. 가래 뱉을 때 느낌입니다. **asking**에서 [æ] 소리 살립니다. 여기에서는 **keep asking**이 똑바로 들렸는데, p와 a가 연결되어 **keepasking**처럼 한 단어로 들릴 수도 있습니다. **myself**도 s 소리 제대로 처리했습니다.

all도 모음에서 강세 들어가므로 뱉습니다. 늘리는 게 아니라 뱉습니다.

④ I **have no idea**.

I 빼고 **have no idea** 다 내용어입니다. 기본적으로 다 힘 줄 수 있습니다. 그런데 내용어 중에서도 최고봉은 부정어입니다. 부정어가 제일 센 편이죠. 그래서 **no**에 힘이 제일 들어갑니다. 물론 다 강조할 수도 있지만, 문장이 다 끊어지겠죠.

no에서 정말 모르겠다는 제스쳐도 함께 해주세요. 몸짓이 함께 가면 뱉기 더 좋습니다.
자, 이제 소리튜닝 반복 훈련을 시작해볼까요?

Part 3

소리 반복 훈련

🎧 MP3 파일 듣기

① **You're** the **Hulk**.

② **How** the **heck** did that **happen**?

③ I **keep asking myself** that **all** the **time**.

④ I **have no idea**.

> **TIP** 완전히 외울 때까지 발음하면서 Writing도 반복하세요!

훈련 체크 ☐☐☐☐☐☐☐☐☐☐

Part 4 한-영 훈련

① 당신은 헐크잖아요.

② 도대체 어떻게 그런 일이 일어난 거예요?

③ 저도 항상 제 자신에게 물어봐요.

④ 모르겠어요.

> **TIP** 소리튜닝 배운 대로 하루 동안 틈나는 대로 무한 반복해서 외우세요! 한글을 보면서 영어문장이 자동적으로 떠오를 때까지.

훈련 체크 ☐☐☐☐☐☐☐☐☐☐

128

Part 5 문장 확장 훈련

keep asking myself

어떤 질문에 대해서 '나도 모르겠어! 나도 궁금해!'라는 뉘앙스가 있습니다.

I keep asking myself the same thing.
= I keep asking myself that.
= I've been asking myself that same question.

---

1. ....

   왜 이런 일이 일어났는지 나도 정말 모르겠어.

2. ....

3. ....

4. ....

5. ....

> **정답** 1. I just keep asking myself that why did this happen.

Day 14 | Are you guys ready?
너희들 준비됐니?

2016년 6월 8일, 호주의 모델 미란다 커가 미국의 잡지 〈배너티 페어(Vanity Fair)〉
와 인터뷰를 가졌습니다. 호주 출신인 미란다 커가 아이들에게 호주 영어를 가르치
게 되었습니다.

Part 1 | 오늘의 예습 Today's Preview

🎧 MP3 파일 듣기

① So you're gonna teach me
and three children.
② I'll do my best.
③ Bring on the children!
④ Come on down.
⑤ Are you guys ready? To learn Australian?

① 그래서 당신이 나와 3명의 아이들을 가르칠 거죠.
② 최선을 다할게요.
③ 아이들을 데리고 오세요!
④ 내려오렴.
⑤ 너희들 준비됐니? 호주 말 배울 준비?

단어와 표현

＊teach [tiːtʃ 티취] ① 가르치다, 교사를 하다 ② 알려주다 ③ 깨닫게 하다
＊children [tʃíldrən 췰드런] child의 복수 – 아이들

130

① So you're gonna **teach me**

and **three children**.

② I'll **do** my **best**.

③ **Bring** on the **children**!

④ **Come** on **down**.

⑤ Are you **guys ready**? To **learn Australian**?

① So you're gonna **teach me**

and **three children**.

끊지 않고 노래처럼 다 이어줍니다. and 앞에서만 한번 끊어집니다.

teach의 t 소리 잘 뱉어줍니다. 그리고 [iː] '이이'가 살짝 포물선을 그리며 떨어집니다. ch는 거의 입 모양으로만 나옵니다.

보통 t 발음할 때 어떻게 발음하나요? 한국어로 '텐트' 하면 혀가 어디에 있나요? 혀가 이빨 사이에 있습니다. 그것은 한국어 ㅌ입니다. t 발음을 ㅌ으로 발음하면 안 된다는 것입니다. 경구개 툭 튀어나온 부분에 대고 조금 힘들게 터져줍니다. 발음을 제대로 하면 아주 쉬운 영어인 time을 말해도 소리가 고급스러워집니다.

me는 원래 기능어인데 강조하려고 뱉었습니다. m 사운드 살려주세요. 비음이라 입을 다물고 코를 울리며 시작한 다음에 터집니다.

and는 '앤드'로 하지 않지만 [æ] 소리 제대로 냈어요.

three의 [θ] 번데기 다음 r 사운드가 약간 어렵습니다. 하지만 충분히 '가는 길'에 있습니다. [θ]를 위해 이 사이에 혀가 살짝 나갑니다. 그리고 혀가 안으로 들어옵니다. r까지 같이 하면 혀가 들어오면서 입천장쪽으로 가면 됩니다. 입 모양은 '얼' 하면 됩니다.

children에서 [tʃ] 소리로 '치' 아닙니다. t 소리 들어가 있습니다. dr은 '쥬'로 내면 좀더 편합니다.

So you're gonna **teach me** and **three children**.

gonna는 '고나' 아닙니다. 빠르게 해주세요.

② I'll **do** my **best**.

d D d D 리듬입니다. 쉬운 리듬이죠. I'll은 발음하는 방법이 3개 정도 있습니다. 여기에서는 그중 슈와 ㄹ, [əl] 하고 편하게 소리냈습니다. **do**는 [duː]는 '우우'에서 뒤가

살짝 떨어집니다. **best**는 b 소리 챙겨주세요.

③ **Bring** on the **chil**dren**!

Bring에서 Br을 이중자음이라고 합니다. r 사운드는 힘이 세서 앞이나 뒤에 있는 소리에 영향을 끼칩니다. b할 때 r을 할 때의 입 모양을 하면서 들어가면 편합니다. 전체적으로 D d d Dd 리듬입니다.

④ **Come** on **down**.

Come [kʌm]에서 모음은 [ʌ] 산 소리입니다. 그리고 on까지 연결됩니다. comon같이 한 단어처럼 되죠. 그리고 **down**[daʊn]에서 [aʊ] 소리 입 생각보다 크게 벌려서 해줍니다.

down 발음 어떻게 하시나요? '따운' 하지 마세요. t 발음 어떻게 했었죠? 입 천장 톡 튀어나온 부분에 혀를 대고 발음합니다. t는 무성음이에요. d는 유성음이죠. 입 모양은 똑같아요. 유성음이란 목소리에 소리를 내주는 겁니다. 무성음은 그냥 바람 불듯이 소리를 안 넣는 거예요.

> **TIP** Come on까지만 하면 "이리 와."라는 뜻입니다.

⑤ Are you **guys ready**? To **learn Australian**?

Are you **ready**? 너 준비됐니? 이 문장에 **guys**를 붙이면 조금 더 친근하게 '너희들?'이라는 말을 더하게 됩니다. **ready**의 r 사운드 잘 해주세요.

정확한 영어 소리는 혀, 입술, 이, 조음기관이 결정을 합니다.

음소단위 r은 살짝 어려울 수 있는 부분입니다. r은 혀의 옆 날개의 윗부분과 윗니의 어금니가 닿습니다. 보통 혀를 꼬려고 애를 쓰는데, 혀는 편하게 둡니다. 꼬려고 애쓰지 말고 차라리 펴는 게 낫습니다. 혀의 옆 날개의 윗부분과 어금니가 서로 닿는 느낌에만 집중하세요. 입을 벌린 상태에서 하는 게 편할 수 있어요.

그 상태에서 입 모양은 '우'입니다. r 소리를 낼 때는 항상 '우' 하고 시작합니다.

ex) really [우뤼얼리]

　　ready [우뤠디]

To **learn**은 d D로 **again**과 같은 리듬입니다.

Australian. 단어가 길죠. au의 소리가 [ɔ]일 수도 있고 [aː]일 수도 있습니다. 둘 다 가능합니다. str 삼중자음 어렵습니다. s 다음에 나오는 t는 된소리 가능합니다. s에서 뱀 지나가는 소리 반드시 들려야 하고, str까지 연결해야 합니다. 이렇게 긴 데도 불구하고 리듬은 d D d입니다. **banana**랑 리듬이 같죠. 번갈아가면서 연습해주세요.

Australian에서 tr 소리가 나옵니다. '어스트레일리안' 이라고 소리 내지 않고 '어스츄레일리안' 이런 느낌으로 소리 냅니다. tr은 입 모양을 '츄'라고 했을 때 편하게 나옵니다.

자, 이제 소리튜닝 반복 훈련을 시작해볼까요?

① So you're gonna **teach me** and **three children**.
② I'll **do** my **best**.
③ **Bring** on the **children**!
④ **Come** on **down**.
⑤ Are you **guys ready**? To **learn Australian**?

> **TIP** 완전히 외울 때까지 발음하면서 Writing도 반복하세요!

훈련 체크 ☐☐☐☐☐☐☐☐☐☐

Part 4 한-영 훈련

①그래서 당신이 나와 3명의 아이들을 가르칠 거죠.
②최선을 다할게요.
③아이들을 데리고 오세요!
④내려오렴.
⑤너희들 준비됐니? 호주 말 배울 준비?

> **TIP** 소리튜닝 배운 대로 하루 동안 틈나는 대로 무한 반복해서 외우세요! 한글을 보면서 영어문장이 자동적으로 떠오를 때까지.

훈련 체크 ☐☐☐☐☐☐☐☐☐☐

be ready to

∼할 준비가 되다

1. ....

   나는 일할 준비가 됐어.

2. ....

   나는 이걸 할 준비가 됐어.

3. ....

   너 말할 준비됐니?

4. ....

   나는 은퇴할 준비가 되어 있었어.

5. ....

   나는 아직 너희들을 떠날 준비가 되지 않았어.

6. ....

7. ....

136

8.
_____

9.
_____

10.
_____

11.
_____

12.
_____

13.
_____

14.
_____

15.
_____

정답 1. I'm ready to work.
2. I'm ready to do this.
3. Are you ready to talk?
4. I was ready to retire.
5. I wasn't ready to leave you guys yet.

Day 15

I know you're saying
알아. 네 말은…

2016년 12월 14일, 배우 제니퍼 로렌스와 크리스 프랫이 MTV의 진행자 조쉬 호로위츠와 함께 크리스마스 콘셉트로 찍은 홍보영상이 공개되었습니다. 크리스마스에 친구 집에 놀러가서 크리스마스를 보내는 방법을 설명하는데, 조금 이상한 것 같죠?

Part 1　오늘의 예습 Today's Preview

🎧 MP3 파일 듣기

① No. No, I think you're confusing that.

② I don't think I am.

③ Oh, you're, you're, yeah.

④ I know you're saying....

⑤ She's giving you the commercial version.

① 아니, 아니, 네가 좀 헷갈린 거 같은데.

② 그런 거 같지 않은데.

③ 오, 네가, 네가, 그래.

④ 알아. 네 말은….

⑤ 얘는 상업적인 버전을 말해주고 있는 거야.

단어와 표현

* confuse [kənˈfjuːz 컨**퓨**즈]　① 혼란시키다　② 혼란스럽게 만들다
* commercial [kəˈmɜːrʃl 커**멀**셜]　① 상업의　② 영리 위주의
* version [ˈvɜːrʒn **벌**젼]
　① (이전의 것, 비슷한 종류의 다른 것들과 약간 다른) – 판
　② (어떤 사건에 대해 특정한 입장에서 밝힌) 설명, 생각

① **No**. **No**, I **think** you're **confusing** that.

② **I** don't **think** I **am**.

③ **Oh**, you're, you're, **yeah**.

④ I **know** you're **saying**.

⑤ She's **giving** you the **commercial version**.

① **No**. **No**, I **think** you're **confusing** that.

너무 확 빠르게 말했죠. 무엇을 위주로 들어야 할까요?
No. No. 둘 다 내용어입니다. '노노' 아닙니다. n 사운드 잘해야 합니다.
혀끝으로 입천장을 누르고 콧소리가 나와야 합니다. 입으로 나오는 소리를
막아야 해요. 막히는 상태에서 코로 내야 합니다. 콧볼이 울린다면 잘하고
있는 겁니다.

그 다음에 중요한 것은 **think. confusing**입니다. **think**에서 [θ] 번데
기 발음 잘해주세요.

confusing에서 **fu**는 few[fju:]와 발음 같습니다. [j]는 y 사운드입니다. y 사운드
는 스마일 상태에서 혀끝으로 아랫니 안쪽을 꾹 눌러야 합니다. 말할 때 '퓨'가 아니
라 '피유' 하는 느낌이죠. 하지만 들릴 때는 '퓨'로 들립니다. **confusing** 리듬은 d
D d입니다. **banana**와 같죠. **confusing**에서 sing은 [z] 소리입니다.

② I don't **think** I **am**.

I don't **think**에서 원래 I는 기능어라서 힘이 들어가지 않는데 뱉어주는 경우가 많
습니다. 그런데 다 뱉으면 힘들겠죠. don't에서 d가 플랩 d 처리되어 I don't가 '아
론'으로 발음됩니다.

I **am**에서 **am**도 밀어주는 느낌으로 강조했습니다. 뒤에 생략된 말이 있습니다. 원

래는 I don't think I am confusing이겠죠.

③ **Oh**, you're, you're, **yeah**.

깨달음의 **Oh**죠. [oʊ] 앞에서 뱉습니다. 배가 움직여야 합니다.
이 경우 you're는 필러입니다.

yeah 할 때 y 사운드는 혀끝으로 아랫니를 '이이' 하고 눌러주세요. '이이예'

④ I **know** you're **saying**.

I know what you're saying이 더 완벽해보이지만 what이 들리지 않습니다.
앞에서 더듬더듬하다가 '나 알아, 네가 말하는 게…' 하고 말하다가 다음 문장에서 주
어를 바꿔버립니다. '네가 말하는 게 이런 거지?'가 아니라 '얘가 말하는 게 이런 거
야.'로 말한 것입니다.

여기서 내용어는 **know**, **saying**입니다. n 사운드 제대로 뱉습니다. s를 잘하려면
뱀이 지나가야 합니다. 정직하게 '세잉'이 아닙니다.

⑤ She's **giving** you the **commercial version**.

굉장히 빠르게 처리했죠. She's. 힘 들어가지 않습니다. 뒤의 **giving**에 힘 들어갑
니다. g 사운드 잘하셔야 합니다. 혀의 안쪽과 연구개가 만나 긁어주는 소리죠.
giving you the **com**까지 한 단어라고 생각하세요. g 사운드 뱉고 나머지는 끌
어옵니다. 그 다음에 m 사운드와 함께 **mer**을 뱉습니다. m 사운드도 입을 다물고
코로 소리냅니다. 코가 울려야 해요.

version [vɜːrʒn]에서 sir할 때 [ɜːr] 사운드입니다. 3자 소리라고 하는데, 강세가 들어가는 경우가 거의 없습니다. 항상 힘 빠지는 소리입니다. 약간 느끼하다고 느껴질 수 있죠. sh랑 쌍입니다. sh에서 성대만 울려주면 됩니다. 프랑스어에서 '봉쥬르' 할 때 이런 소리가 납니다.

다 이어봅시다. 배통에 있는 에너지가 전부 이어집니다.

She's **giving** you the **commercial version**.

> **소리규칙** **형용사 + 명사**
>
> commercial version은 어디에 힘을 더 줄까요? 형용사와 명사는 둘 다 내용어이므로 어느 곳에 힘이 들어가도 상관은 없습니다. 하지만 일반적인 규칙은 형용사보다는 명사에 힘이 들어갑니다. 왜냐하면 일반적으로 형용사보다 명사가 더 중요한 정보이기 때문입니다.

자, 이제 소리튜닝 반복 훈련을 시작해볼까요?

I believe in myself and my abilities.
나는 내 자신과 내 능력을 믿는다.

내용어와 기능어가 익숙지 않아 신경쓰다 보면 뚝뚝 끊어지고, 영어의 호흡이 낯설 수 있습니다. 우선 천천히 슬로우로 들으며 밀어주는 지점을 찾아보세요. 그것들이 내용어입니다. 하지만 슬로우로 듣고 연습하면서 무엇보다 중요한 점은 에너지가 다 이어지는 것을 느끼는 것입니다. 발음에 집착하지 마세요. 발음만 잘한다고 해서 영어 소리가 절대 편해지지 않습니다. 한 호흡으로 에너지가 이어지는 데에 집중해보세요. 손과 함께 움직여도 좋아요.

Part 3   소리 반복 훈련

🎧 MP3 파일 듣기

① **No. No**, I **think** you're **confusing** that.

② **I** don't **think** I **am**.

③ **Oh**, you're, you're, **yeah**.

④ I **know** you're **saying**.

⑤ She's **giving** you the **commercial version**.

> **TIP**   완전히 외울 때까지 발음하면서 Writing도 반복하세요!

훈련 체크 ☐☐☐☐☐☐☐☐☐☐

Part 4   한–영 훈련

① 아니, 아니, 네가 좀 헷갈린 거 같은데.

② 그런 거 같지 않은데.

③ 오, 네가, 네가, 그래.

④ 알아, 네 말은….

⑤ 얘는 상업적인 버전을 말해주고 있는 거야.

> **TIP**   소리튜닝 배운 대로 하루 동안 틈나는 대로 무한 반복해서 외우세요! 한글을 보면서 영
> 어문장이 자동적으로 떠오를 때까지.

훈련 체크 ☐☐☐☐☐☐☐☐☐☐

confusing A with B

A와 B를 혼동하다

1. ....

   너는 그걸 혼동하고 있어.

2. ....

   너는 의견과 지식을 혼동하고 있어.

3. ....

   너는 영화와 현실을 혼동하고 있어.

4. ....

5. ....

> **정답** 1. You're confusing it.
>
> 2. You're confusing opinion with knowledge.
>
> 3. You're confusing movies with reality.

Day 16

This is what I heard
이건 제가 들은 말이에요

2015년 2월 27일, 미국 NBC의 〈투나잇 쇼〉에 호주의 배우 마고 로비가 출연했습니다. 마고 로비가 5명의 룸메이트랑 사는데 같이 사는 친구들이 화장지를 훔쳐간다고 말하자 진행자 지미가 "내가 들은 건 다른데?" 하면서 놀리는 장면입니다.

Part 1 | 오늘의 예습 Today's Preview

🎧 MP3 파일 듣기

① But I heard that you steal toilet paper.
② This is what I heard.
③ This is like a rumor that I've heard this from like if you go to a hotel or something, then you steal toilet paper.

① 근데 제가 듣기론 당신이 화장지를 훔친다는데요.
② 이건 제가 들은 말이에요.
③ 이건 제가 들었던 소문 같은 건데, 어디서냐면, 만약에 호텔이나 그런 곳에 가면 화장지를 훔쳐온다고요.

단어와 표현

* **toilet paper** [ˈtɔɪlət ˈpeɪpər **토일**렛 페이퍼; 복합명사 앞 단어 강세 규칙]
  ① 화장실용 휴지, 화장지
* **rumor** [rúːmər **루머**]   ① 소문, 풍문, 유언비어
* **steal** [stiːl **스띠일**]
  ① 훔치다, 도둑질하다   ② 살며시 움직이다

146

① But I **heard** that **you steal toilet paper**.

② This is **what** I **heard**.

③ This is like a **rumor** that I've **heard** this

from like if you **go** to a **hotel** or something,

then you **steal toilet paper**.

① But I **heard** that **you steal toilet paper**.

내용어 악센트 처리하는 느낌은 눌러주는 느낌이에요. 발음 기호를 살짝 살펴보면, But I가 끊어지지 않고 t를 ㄹ처럼 발음해 '벗 아이'가 아닌 '버라이'로 소리냅니다. 이때 힘을 빼는 게 중요합니다. 힘 빼고 '버라이'.

> **소리규칙** t
>
> t를 중심으로 앞뒤로 모음이 올 때는 ㄹ처럼 소리 내면 편합니다.

그 다음에 뱉어줍니다. But I **heard**. r이 모음이기는 하지만 h 자체에는 입 모양이 없기 때문에 r의 입 모양에서 h를 뱉어줍니다.
heard that은 '헐드 댓'으로 안 들립니다. **heard**의 d와 that의 th 돼

지꼬리 [ð] 사운드가 비슷하게 들리면서 '헐ㄷ댓' 하고 겹쳐버립니다. 여기까지 해봅시다.

But I **heard** that

다음 **you**를 너무 잘 뱉어주었죠. 사실 기능어를 뱉는 것은 옵션이에요. 만일 내가 기능어를 뱉어주었다면 내가 이 부분을 강조하겠다는 의미예요. 왜 **you**에 힘을 줬을까요? "'네'가 훔쳤다며?" 이런 표현을 하고 싶었던 것입니다.

you는 y 발음 다음에 [uː] 사운드를 합쳐서 '유'가 됩니다. 이때 청명하게 '유'가 아니라, '이'와 '유'를 합하듯 천천히 미끄러지다보면 '이유'하는 발음이 나옵니다.

음소단위 y

혀끝을 아랫니 안쪽에 대고 꾹 눌러주면 이를 지렛대 삼아 혀가 올라갑니다. 그래야 마찰 소리가 많이 납니다.

그 다음 **steal**에서 st 사운드는 '스틸'이라고 해도 되고, '스띨'도 가능합니다. ea는 seat 할 때의 긴 사운드 [iː]죠. '이'가 두 번 있는 느낌으로 소리를 내주세요. 이때 뒷소리가 포물선을 이루듯 꺾입니다.

소리규칙 st

s 다음에 나오는 t 사운드는 된소리로 발음이 가능합니다. 된소리가 되는 이유는 s를 잘해줘서예요. t에 너무 힘을 주면 안 됩니다. 주인공은 s예요. 뱀 지나가는 '스' 소리를 잘 들려주세요.

---

toilet, 이때 t 사운드가 거의 안 들렸어요. 앞에 힘을 뱉을 여유가 없었거나 덜 뱉었거나 여러 가지 이유로 이때 t 사운드가 안 뱉어져서 약하게 들렸죠.

you steal toilet

paper는 pay 할 때의 a 사운드 [eɪ]예요. 이때 D d 리듬으로 **paper** 해주세요. 뒤의 p 사운드 된소리 가능해요. '페이뻐ㄹ' 느낌으로.

여기까지 천천히 연습해볼게요.
But I **heard** that **you steal toilet paper**.

> **TIP** **복합명사**
>
> toilet paper는 복합명사입니다. 복합명사는 두 개의 단어가 합쳐진 새로운 하나의 단어입니다.
> 복합명사의 소리 규칙은 앞 단어에 힘이 들어가고 두 단어는 한 단어처럼 이어주는 것입니다.
> ex) newspaper, apartment, complex

② This is **what** I **heard**.

내용어가 될 수 있는 것은 this 지시사, **heard** 동사가 있습니다. 그런데 지시사는
내용어로서 가장 약한 내용어입니다. 그래서 힘이 들어갈 때도 있고 안 들어갈 때도
있습니다. 영상에서도 지미는 그렇게 힘을 주지 않고 뭉개면서 소리를 냈습니다.
This is. 복화술하듯 뭉개듯이 소리 냅니다.
This is **what** I. 이때 t 사운드 역시 모음과 모음 사이에서 ㄹ처럼 발음해줍니다.
This is **what** I **heard**. '이게 내가 들었던 거야. 내가 말하는 거 아니고 사람들
이 너 훔친다던데.'라는 느낌으로 말해봅니다.

③ This is like a **rumor** that I've **heard** this

from like if you **go** to a **hotel** or something,

then you **steal toilet paper**.

This is like a. like a는 한 단어처럼 발음해줍니다. This is like a까지 입에

서 빠르고 성의 없이 처리해주고 **rumor**에서 다시 훅 하고 뱉어줍니다. **ru**에서 훅!
mor는 나갔다 들어오는 소리에 처리해 한 호흡에 던집니다.

This is like a **rumor**.

that I've는 거의 안 들립니다. 've 같은 소리는 입 모양만 해주고 만다는 느낌으로
긴장을 주지 않습니다. 윗니가 아랫입술 살짝 무는 듯하게 해주세요.

rumor that I've **heard**. 두 번 나갑니다. D d d d D.

This is like a **rumor** / that I've **heard**.

heard this '내가 이걸 들었잖아.' 역시 d와 돼지 꼬리 발음이 하나로 뭉쳐지듯 발
음합니다.

from, '어디에서 들었냐면'

like if you **go** to a **hotel**. **go** to도 분명하게 안 들렸죠. t 중심으로 모음 모음
이니까 ㄹ처럼 '고우루' if you **go** to. 천천히 따라 하고 점점 빨리해봅니다.

다음 문장에서 가장 중요한 단어를 훅 뱉어줍니다. 가장 중요한 정보는 **hotel**이죠.
가장 정확하게 잘 들려줘야 합니다.

hotel은 강세가 **tel**에 있어요. 그리고 o 사운드는 '호' 아니고 '호우' [oʊ]죠. 그래
서 '호우텔' 이렇게 소리 내줍니다.

or something은 내용어가 아닙니다. tel에서 소리를 뱉고 들어오는 소리로 처리
해줍니다. 뒤의 then은 소리상으로는 that처럼 들리지만 if절이므로 문맥상 then
이 자연스럽습니다.

then you **steal toilet paper**. 다 이어지는 느낌으로 조금씩 빠르게 연습하며
한 단어인 것처럼 말해봅니다.

소리규칙   steal

steal 소리를 낼 때, 중요한 규칙은 s 다음에 나오는 t는 된소리가 나서 '띨'이라고 소리 냅니다.
그리고 끝에 있는 l은 Dark l 이어서 소리를 낼 때 '얼' 하고 발음해줍니다. 그러니 'ㅅ띠얼' 이런
느낌으로 소리 내는 것입니다.

자, 이제 소리튜닝 반복 훈련을 시작해볼까요?

① But I **heard** that **you steal toilet paper**.

② This is **what** I **heard**.

③ This is like a **rumor** that I've **heard** this from
like if you **go** to a **hotel** or something,
then you **steal toilet paper**.

> **TIP** 완전히 외울 때까지 발음하면서 Writing도 반복하세요!

훈련 체크 ☐☐☐☐☐☐☐☐☐☐

Part 4 한–영 훈련

① 근데 제가 듣기론 당신이 화장지를 훔친다는데요.

② 이건 제가 들은 말이에요.

③ 이건 제가 들었던 소문 같은 건데, 어디서냐면,
만약에 호텔이나 그런 곳에 가면 화장지를 훔쳐온다고요.

> **TIP** 소리튜닝 배운 대로 하루 동안 틈나는 대로 무한 반복해서 외우세요! 한글을 보면서 영
어문장이 자동적으로 떠오를 때까지.

훈련 체크 ☐☐☐☐☐☐☐☐☐☐

This is what I heard

이게 내가 들었던 거야.

1. ....

이게 내가 봤던 거야.

2. ....

그건(that) 내가 들었던 게 아니야.

3. ....

너 말할 준비 됐니?

4. ....

이건 네가 원하는 거야.

5. ....

이건 네가 원하는 거지, 내가 원하는 게 아니야.

6. ....

내가 들은 거 너도 들었잖아.

7. ....

8. ....

9. _____

10. _____

11. _____

12. _____

13. _____

14. _____

15. _____

That was a lie
그건 거짓말이었어요

미국 잡지 〈배너티 페어(Vanity Fair)〉가 2017년 9월 7일 미국 영화배우 리즈 위 더스푼의 인터뷰 영상을 공개했습니다. 리즈는 영화 〈금발이 너무해(Legally Blonde)〉의 주연으로 영화 중 남자친구를 따라 하버드대학교에 입학했는데, 이 장 면에 대한 질문에 대답하는 장면입니다.

Part 1 | 오늘의 예습 Today's Preview

🎧 MP3 파일 듣기

① You said getting into Harvard wasn't hard.

And I'm trying to get into med school,

so do you have any tips?

② Yes, don't listen to movies.

That was a lie.

It's really, really hard to get into Harvard.

① 당신이 하버드 들어가는 게 어렵지 않다고 했잖아요.

제가 의과대학에 들어가려고 하는데요. 비결이 있나요?

② 네, 영화에서 하는 말 듣지 마세요.

거짓말이었어요. 하버드 들어가는 건 정말, 정말 어려워요.

단어와 표현

＊get into   ① ~에 들어가다   ② ~을 시작하게 되다   ③ 흥미를 갖게 되다

＊med [med 메드]   (비격식) medical(의학의, 내과의)

＊tip [tɪp 팁]   ① (뾰족한) 끝   ② (실용적인, 작은) 조언

① You **said getting** into **Harvard wasn't hard**.

And I'm **trying** to **get** into **med school**,

so do you **have** any **tips**?

② **Yes**, **don't listen** to **movies**.

That was a **lie**.

It's **really**, **really hard** to **get** into **Harvard**.

① You **said getting** into **Harvard wasn't hard**.

And I'm **trying** to **get** into **med school**,

so do you **have** any **tips**?

기능어 위주로 꽂아준다고 생각하셔야 돼요. 슬로우로 들으면서 에너지가 끊어지지 않음을 느끼셔야 합니다.

You **said**. d D에서 d는 반 박자 처리해줍니다. 한 번에 던지는 느낌이죠. '세드' 아니고 혀끝을 입천장에 대고 '세엔'으로 끝냅니다. 그 상태에서 **getting** 하고 터져 줍니다.

You **said getting** into **Harvard**. 이번 영상에서 하나만 가져간다면 **Harvard**의 ar[ɑːr] 소리 내는 방법입니다. 혀가 뒤로 가서 훨씬 깊은 소리가 납니다. 이중모음은 반드시 내 조음기관이 옮겨가야 해요. 많은 연습이 필요합니다. 뒤에 나오는 var는 입이 많이 벌어지지 않는 사운드입니다. **Harvard**. 슬로우 상태에서 많이 연습해주세요.

'하바드' 다 똑같은 길이와 힘으로 발음하지 않습니다. '할버ㄷ' 이런 느낌으로 강세 는 더 길고, 세고, 정확하게 처리해주세요. **getting** into **Harvard**. 여기까지가 주어예요.

음소단위 ar[ɑːr]

동굴 사운드입니다. 한국어에서의 '아'는 소리가 앞에서 나오는 느낌이고, 영어는 혀끝이 조금 더 입 안으로 갑니다. 그 상태에서 혀끝만 말아서 r로 들어옵니다.

---

wasn't hard. **hard**의 ar 발음도 역시 신경써줍니다. 영상은 영국식 영어다 보 니 r 사운드가 잘 들리지 않는다는 차이가 있습니다.

And I'm **trying** to.
보통 And의 d 발음까지 들려주는 경우는 거의 없지만 여기에서는 들려주었어요. I' m 축약형은 세 가지 발음이 가능해요. '아임', '암', '음'. 여기에서는 '아임'이라고 했습 니다.

소리규칙 try

발음할 때 '트라이'라고 하지 않고 '츄라이'라고 해줍니다. tr 소리는 '츄' 하는 ch의 입 모양으로 소 리를 내줍니다.

And I'm **trying** to **get** into. **get** into에서 당연히 **get**에 힘을 넣어주고 into까지 나머지 힘으로 처리합니다. **get** into의 경우 t 자음으로 끝나고 i 모음으로 시작하므로 **getinto**라는 한 단어 안에 강세가 있다고 생각하고 소리를 냅니다. 그리고 강세가 없는 t는 ㄷ이나 ㄹ 소리가 납니다. 그래서 '겟인투'라고 소리 나지 않고 거의 '게린루'라고 소리가 나지요.

소리규칙 **자음으로 끝나고 모음으로 시작할 경우 한 단어처럼 이어서 소리 낸다**

이런 규칙 때문에 영어를 들을 때 소리가 그냥 지나가버리는 느낌이 들기도 합니다. 그러나 규칙을 알고 자기 자신도 그렇게 소리를 내게 되면 들리기 시작합니다.

get into → **getinto**

med school 둘 다 힘을 줍니다. **school**의 oo는 조금 긴 '우' 사운드, [u:]로 '우우'처럼 들려야 합니다. 한 단어처럼 들려야 하니까 둘 중 하나에 힘이 더 들어가고 이어서 소리를 냅니다. d로 끝나고 자음이 올 경우 역시, t로 끝나고 자음이 올 때처럼 호흡을 살짝 끊어줍니다.

And I'm **trying** to **get** into **med school**.

TIP med school

med는 medical의 줄임말입니다.

so do you **have**. **have**는 '해브'라고 발음하지 않습니다. ha 하고 내뱉으면서 그냥 끝에는 입술을 물어주고 끝냅니다.

do you **have** any **tips**? 여기서도 **have**와 any가 연결돼요. 그래서 '해브애니'가 아니라 '해vㅐ니'. 보통 자음 + 모음은 무조건 이어진다고 생각하시면 됩니다. 그 다음 t 사운드 살려서 **tips** 나옵니다.

연습해볼게요.

And I'm **trying** to **get** into **med school**, so do you **have** any **tips**?
이 상태에서 조금씩 빠르게 가시면 돼요.

② **Yes**, **don't listen** to **movies**. **That** was a **lie**.

It's **really**, **really hard** to **get** into **Harvard**.

Yes는 부사, 즉 내용어입니다. 정확하게 소리 냅니다. y 사운드 아랫니 안쪽을 혀끝으로 꽉 눌러주세요. '이예스' 하는 느낌이 있어야 해요.

don't listen to **movies**.
don't '오우' 발음이에요. 마지막 t가 터질 수 있지만 대부분 안 터집니다. 끊는 느낌만 있으면 돼요.
listen to는 한 단어라고 생각하고 해보세요. listen to 할 때 to는 기능어고 강세가 없습니다. 그래서 ㄷ 이나 ㄹ 소리가 나오죠. 그래서 '투'라고 소리 내지 않고 '루' 정도로 처리해줍니다. 그리고 바로 중요한 내용어인 **movies**에 힘 들어갑니다.
movies는 한 호흡입니다. 훅! 하고 **mo**에서 뱉어주고 들어오는 힘에 vies를 발음 처리해줍니다. 이때 **movies**는 [uː] 사운드예요.

That was a **lie**. '그거 거짓말이었어!'
That의 th는 유성음입니다. 혀끝을 이 사이에 살짝 내밀어준 상태로 진동을 줍니다. 지시사니까 내용어죠. 힘 들어가고요. 다음에 w라는 자음이 나오기 때문에 끊어줍니다.
That was a(D d d) 다음에 **lie**에서 훅! 뱉어줍니다. 하나밖에 힘이 안 들어간다고 해서 '래이!' 이렇게 발음하시면 안 돼요. 1음절도 강세를 주셔야 합니다. 훅! 하고 힘주세요.

It's **really, really hard** to **get** into **Harvard**.

이 영상의 r 사운드는 그야말로 교과서 발음입니다. 입 모양도 잘 보면서 따라해보세요. 모든 단어를 다 강조하면서 힘을 주지요? 강조하기 위해서입니다. **really, really hard**.

hard to. d와 t가 같이 있고 둘 다 강세가 없다면 둘은 뭉쳐집니다. 한 번에 발음해주세요.
hard to **get** into **Harvard**. 천천히 연습해봅니다. **Harvard** 유의하세요.

그 상태로 조금씩 빠르게 해봅니다. 처음부터 빠르게 영어를 하려다 보면 중요한 자음과 모음이 다 틀어져버립니다. 정확하게 슬로우로 연습한 상태에서 조금씩 빠르게 해보세요.

자, 이제 소리튜닝 반복 훈련을 시작해볼까요?

🎧 MP3 파일 듣기

① You **said getting** into **Harvard wasn't hard**.
And I'm **trying** to **get** into **med school**,
so do you **have** any **tips**?
② **Yes**, **don't listen** to **movies**. **That** was a **lie**.
It's **really**, **really hard** to **get** into **Harvard**.

> **TIP** 완전히 외울 때까지 발음하면서 Writing도 반복하세요!

훈련 체크 ☐☐☐☐☐☐☐☐☐☐

Part 4 한-영 훈련

① 당신이 하버드 들어가는 게 어렵지 않다고 했잖아요.
제가 의과대학에 들어가려고 하는데요. 비결이 있나요?
② 네, 영화에서 하는 말 듣지 마세요.
거짓말이었어요. 하버드 들어가는 건 정말, 정말 어려워요.

> **TIP** 소리튜닝 배운 대로 하루 동안 틈나는 대로 무한 반복해서 외우세요! 한글을 보면서 영
> 어문장이 자동적으로 떠오를 때까지.

훈련 체크 ☐☐☐☐☐☐☐☐☐☐

Part 5

문장 확장 훈련

be trying to

나는 ～ 하려고 노력하고 있어. / 나는 ～ 하려고 해.

1. ....

   나 멈추려고 하고 있어!

2. ....

   나 이해하려고 노력 중이야.

3. ....

   우리가 도와주려고 (노력)하잖아.

4. ....

   우리 긍정적으로 있어보자.

5. ....

6. ....

7. ....

8.
....

9.
....

10.
....

11.
....

12.
....

13.
....

14.
....

15.
....

**Every day in every way,
I am becoming more and more successful.**
매일 모든 면에서 나는 점점 더 성공한다.

I just don't get it
나는 그냥 이해가 안 돼

2011년 9월 22일, 미국 NBC 〈엘렌 드제너러스 쇼(The Ellen DeGeneres Show)〉에 배우 브래드 피트가 출연했습니다. 브래드가 결혼하기 전 영상이네요. 모든 사람들이 결혼할 수 있는 권리를 가질 때까지 결혼을 하지 않겠다고 말하는 장면입니다.

Part 1 오늘의 예습 Today's Preview

🎧 MP3 파일 듣기

① And it's... that's not what we're about.

That's not what makes us great.

② And until that is reversed....

③ I just don't get it.

④ It makes no sense to me.

It makes no sense.

① 그리고 이건… 그건 우리가 추구하는 바가 아니죠.

그게 우리를 위대하게 만들지 않아요.

② 그게 바뀌기 전까지는….

③ 저는 그냥 이해가 안 돼요.

④ 전혀 말이 되지 않아요. 말이 안 돼요.

단어와 표현

＊ about [əˈbaʊt 어**바**웃] ① ~쯤, 경 ② 거의 ③ ~에 대한

＊ reversed [rivəˈrst 리**벌**스트] 거꾸로 된, 반대의, 뒤집은

＊ until [ənˈtɪl 언**틸**] ~(때)까지

＊ make sense ① 의미가 통하다 ② 타당하다 ③ 이해할 수 있다

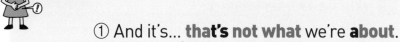

① And it's... **that's not what** we're **about**.

That's **not what makes** us **great**.

② And **until that** is **reversed**....

③ I just **don't get** it.

④ It **makes no sense** to me.

It **makes no sense**.

① And it's... **that's not what** we're **about**.

That's **not what makes** us **great**.

that's not what we're **about**.
And it's. 이 문장은 모두 기능어기도 하지만 생각하면서 나오는 소리이
므로 복화술하듯 빠르게 처리해줍니다.
not what에서는 t 다음에 자음 w가 나와서 살짝 끊어지는 느낌이 있습
니다. '나와' 아닙니다. w 소리의 뱉는 느낌 살려주세요. w는 입술이 모아

진 상태로 뱉어야 정확한 발음이 납니다.

> **소리규칙** t 다음 자음 소리가 오면 살짝 끊어진다.

not what 다음에 또 w가 나왔습니다. we are의 축약형 we're입니다. 영어의 축약형은 빠르고 편하게 지나가기 때문에 잘 안 들립니다. we're은 발음기호로 치면 are의 과거형 were과 똑같다고 생각하시면 됩니다. what은 쏴주고 다음 we're은 안 쏜다는 차이예요.

about. 하고 밀어줬어요. **about**은 원래 기능어인데, 영상에서는 힘이 들어갔습니다. 항상 규칙의 예외는 가능합니다. 중요하게 **about**을 강조하고 싶었던 것이지요. 그래서 기능어이지만 힘이 들어가서 표기도 진하게 했습니다.

이제 다 연결해서 소리 내어봅시다. **that's not what** we're **about.**

> **TIP** That's not what we're about
>
> 해석하기가 애매합니다. discrimination(차별)에 대해서 이야기하다가 that's not what we're about이라고 하면 '그건 우리에 관한 것이 아니야. 우리를 말하는 게 아니야.'라는 뜻이죠. '우리가 추구하는 바가 아니야. 우리가 원하는 바가 아니야. 우리가 되려는 방향이 아니야.' 이 정도까지 의역이 가능합니다.

That's **not what makes** us **great.**

not, what, makes, 하나하나 꾹꾹 눌러줍니다.
makes us에서는 연결되는 소리를 느껴보세요. 한 단어처럼 들립니다.
makes us great. '구레이트' 아닙니다. 입술을 너무 내밀지 않고 r과 비슷한 정도로 합니다. gr과 같은 이중 자음이 발음하기 어렵습니다. 음소 연습은 모든 언어의 기초이기 때문에 반드시 따로 연습해야 합니다.

g 사운드와 r 사운드가 동시에 낸다고 생각합니다. g 사운드를 할 때 r의 입 모양을 할 수 있습니다. g 사운드는 혀의 안쪽과 연구개가 닿으면서 나는 소리이지만 r 사운드는 혀끝과 입술이 냅니다. 겹치는 부분이 없으니 동시에 발음할 수 있는 거죠.

That's **not what makes** us **great**. 내용어가 많습니다. 중요한 순서대로 소리의 세기를 조절해줍니다. '그런다고 우리가 더 좋아지는 건 아니잖아.' 정도로 의역할 수 있겠죠.

② And **until that** is **reversed**....

And는 당연히 힘이 잘 안 들어갑니다. 보통 d 소리 없이 '앤' 하고 힘 빼고 지나가는 편입니다.

until은 전치사라 원래 기능어지만 여기서는 강조하려고 힘을 주었습니다.

that is. **that**의 마지막 t는 is와 연결됩니다. 모음과 모음 사이의 t는 ㄹ처럼 발음합니다.

다음에 **reverse**라는 단어가 나왔습니다. 한꺼번에 발음하려다 보면 꼬이기 쉽습니다. 그래서 내용어 액센트 부분부터 연습합니다. ver부터 연습을 하고 뒤에 것부터 붙입니다. versed. s, 즉 무성음 다음에 나오는 과거형은 t 사운드가 나옵니다. 마지막으로 앞부분을 붙여 **reversed**.

모르는 단어를 발견하면 먼저 구글에 이미지 검색을 해보세요. reverse의 이미지를 보면 '완전 정반대로 되돌리는' 느낌이에요. 자동차의 후진 'R'이 바로 reverse입니다.

And **until that** is **reversed**. '그게 바뀌기 전까지는.' 여기서 **that**이란 결혼하는 제도를 말하는 거겠지요. 상대방 귀에 세 개를 꽂아준다고 생각하세요. 빠르게 해도 이 세 부분만 살려준다면 결코 급하게 들리지 않습니다.

③ I just **don't get** it.

굉장히 많이 들어본 문장일 것입니다. '나는 이해가 안 가.' 하는 표정 살려서 발음하면 좋습니다.

don't와 다음에 나오는 **get** 둘 모두 내용어입니다. 물론 강조하듯이 끊어서 둘 다 힘을 줄 수도 있지만, 이어주고 싶다면 하나에만 훅 나가줍니다. 브래드 피트는 **get**에 힘을 더 주었습니다.

소리 규칙에 따라 **get**it 한 단어처럼 소리 냅니다. 또한 **don't**에 t로 끝나고 g 자음으로 시작하므로 **don't** 발음을 할 때 소리를 끊어줍니다.

> **소리규칙** get it처럼 t 다음에 모음이 오면 붙여서 한 단어처럼 소리 내면 되지만, t 다음에 자음이 오는 경우 호흡을 끊어줍니다.

④ It **makes no sense** to me. It **makes no sense**.

makes는 making이라고 들리기도 합니다. 그만큼 makes의 s 소리는 정말 들리지 않죠. 하지만 It 다음에 더 끊어준 느낌이 나기도 하고 실제로 It makes~를 더 많이 쓰기 때문에 makes로 합니다.

makes no sense. 세 부분 눌러보세요. 그 다음 **sense** to me(D d d). 내용어 악센트는 충분히 늘려주셔야 합니다. 내용어와 기능어의 길이가 같지 않습니다. 내용어의 악센트는 항상 타임이 길어야 돼요. '센스. 투. 미.' 라고 하면 길이가 다 똑

같지요. **sen**하고 훅 늘려주셔야 합니다.

TIP **make no sense**

'sense가 안 맞다'는 의미입니다. 말 그대로, 말도 안 된다는 뜻입니다. '말도 안 돼, 이게 말이나 되는 소리야?'

소리규칙 **내용어의 악센트는 반드시 다른 단어들보다 소리 처리가 길~어야 한다**

길~게 늘리지 않으면 한국어처럼 들리거나 급하게 들립니다. 보통 이렇게 늘리는 게 안 되시는 분들은 보통 성격이 급하지요. 그래서 sense(센~스) 할 시간이 없습니다. 이런 분들은 내용어의 악센트 부분을 처리할 때 손으로 간격을 옆으로 늘리거나 몸을 앞으로 젖히면서 해보세요. 소리가 길어집니다.

자, 이제 소리튜닝 반복 훈련을 시작해볼까요?

🎧 MP3 파일 듣기

① And it's... **that's not what** we're **about**.

   That's **not what makes** us **great**.

② And **until that** is **reversed**...

③ I just **don't get** it.

④ It **makes no sense** to me. It **makes no sense**.

TIP	완전히 외울 때까지 발음하면서 Writing도 반복하세요!

훈련 체크 ☐☐☐☐☐☐☐☐☐☐

Part 4   한-영 훈련

①그리고 이건… 그건 우리가 추구하는 바가 아니죠.

   그게 우리를 위대하게 만들지 않아요.

②그게 바뀌기 전까지는….

③저는 그냥 이해가 안 돼요.

④전혀 말이 되지 않아요. 말이 안 돼요.

TIP	소리튜닝 배운 대로 하루 동안 틈나는 대로 무한 반복해서 외우세요! 한글을 보면서 영

어문장이 자동적으로 떠오를 때까지.

훈련 체크 ☐☐☐☐☐☐☐☐☐☐

get it vs got it

**'이해한다'의 뜻으로 쓸 때는 둘 다 가능합니다.
got it은 '처리하다'의 의미로도 쓰입니다.**

1. _____

   너 이해했니? / 이해했어.

2. _____

   그냥 농담이야. / 난 이해 안 가는데.

3. _____

   나도 저 농담이 이해가 안 갔어.

4. _____

   너를 위해 내가 이거 도와줄게.

5. _____

   내가 할게. 내가 한다고!

6. _____

   괜찮아. 내가 처리할게.

7. _____

   고마워. 내 생일 때 받았던 거야. (*get 자체의 원래 뜻으로도 쓰임)

8.
9.
10.
11.
12.
13.
14.

I know exactly what to do achieve success.

나는 성공하기 위해서 무엇을 해야 하는지 정확히 알고 있다.

Day 19

That's annoying
그게 짜증나요

이탈리아 온라인 패션 업체인 NET-A_PORTER가 2015년 11월 19일, 미국의 배우 제시카 알바와의 인터뷰 영상을 공개했습니다. 누구나 본인이 다 싫어하는 본인만의 특징이 있죠. 제시카에게 본인이 스스로 짜증난다고 생각하는 본인의 특징을 물어보는 장면입니다.

Part 1	오늘의 예습 Today's Preview

🎧 MP3 파일 듣기

① What's my most annoying personality trait?
② There's too many.
③ I sometimes don't have a filter.
④ That's annoying.

① 제 가장 짜증나는 성격적 특징이요?
② 너무 많은데요.
③ 제가 가끔 말할 때 필터가 없어요.
④ 그게 짜증나요.

단어와 표현

* **annoy** [əˈnɔɪ 어**노**이] ① 짜증나게 하다 ② 귀찮게 하다
* **personality** [pəˌrsənǽləti 펄선**낼**러리]
  명사: ① 성격, 인격 ② 개성 ③ 유명인
* **trait** [treɪt **츄레잇**] (성격상의) 특성
* **filter** [ˈfɪltə(r) **필**터ㄹ] 필터, 여과 장치

Part 2 | 오늘의 소리튜닝 Today's Vocal Tuning

① **What's** my **most annoying**

personality trait?

② There's **too many**.

③ **I sometimes don't have** a **filter**.

④ **That's annoying**.

① **What's** my **most annoying**

personality trait?

What은 싸주는 느낌으로 잘 뱉어주세요. 이때 w의 소리에 유의합니다. 그리고 t와 s가 붙어 있으면 '츠' 느낌의 소리가 납니다. 그리고 **What's** my. D d 리듬입니다.

most. '모스트'가 아닙니다. 한국어의 ㅁ보다 영어의 m이 더 콧소리가 많이 납니다. 그리고 s 다음에 t는 약간 된소리처럼 와요. 완전 ㅌ보다는 ㄸ 느낌이 살짝 들어갑니다. 그리고 뒤에 **annoying**이 오면서 자음 t 다음에 모음 a가 오기 때문에 무조건 연결됩니다. **mostannoying**처럼요.

annoying personality trait 전부 다 내용어입니다. 영화로 쉐도잉을 해도 이렇게 내용어가 몰려 있을 때가 있습니다. 당황하지 말고 내용어 사이의 소리 세기를 조절해주면 됩니다.

annoying. '애노잉' 아닙니다. 앞부분은 슈와 처리합니다. 마치 **again**을 발음한다고 생각하시면 돼요. 같은 리듬으로 연습하신 뒤 **annoying** 해봅니다.

personality. 이 단어에 강세는 **nal**입니다. n 비음 소리를 내면서 훅 던져주세요. 이렇게 긴 단어는 반드시 리듬 연습해주고 영어 대입하세요. 그렇지 않으면 강세가 아닌 부분이 강조되어 전체적으로 소리가 한 호흡으로 안 나오게 됩니다.

trait. '트레이트'가 아니라 '츄레이트'로 소리냅니다.

What's my **most annoying personality trait**? '내 성격적으로 가장 짜증나는 특징이 뭐냐고?'

176

에너지가 끊어지지 않게 연습해보세요. 강조할 부분에서 손을 이용하며 리듬을 타봅니다. 느낌을 익힌 뒤 속도를 조금씩 높여보시면 됩니다.

② There's **too many**.

There's는 립싱크하듯 처리하고 **too**와 **many**에 힘을 줍니다.

> **TIP** **There is too many가 문법적으로 맞나요?**
>
> 학교 다닐 때 배우셨을 겁니다. 'there is/are!'에서 is를 쓸지 are를 쓸지는 뒤에 나오는 단어가 복수인지 단수인지에 따라 결정되죠. 그런데 이 문장에서 too many는 복수니 is가 아니라 are를 써야 맞습니다. 그런데 제시카 알바는 왜 is라고 했을까요?
>
> 원어민들에게 이 문장이 맞냐고 물어본다면 아마 이렇게 답해줄 겁니다. "내가 당신의 영어 선생님이라면 틀렸다고 할 것이고, 평소에 다들 이렇게 많이들 쓰냐고 물어본다면 그렇다." 생각보다 많은 원어민들이 뒤에 단/복수와 상관없이 there is라고 말하는 게 입에 붙어 있습니다.

③ **I sometimes don't have** a **filter**.

I / **sometimes don't have** a **filter**. **I** 하고 좀 쉬었다가 **sometimes** 소리 내줍니다. 원래 모두 이어서 소리 낼 수 있지만 잠시 쉬는 이유는 생각하는 중이기 때문입니다.

sometimes. s의 뱀 나오는 소리 살려주세요.

don't have. t 다음에 자음 h가 와서 소리 규칙에 따라 호흡이 살짝 끊어집니다. 그리고 **have** a에서는 자음 v 다음에 바로 모음 a가 와서 한 단어처럼 이어줍니다. v 다음에 e가 있지만 소리 규칙들은 발음기호 기준입니다. **have**의 발음 기호는 [hæv]입니다. 그래서 **have** a는 마치 한 단어처럼 **have**a 이렇게 이어서 소리 냅니다.

filter의 f 사운드는 꽤 어렵습니다. 보통 r과 같은 경우 어렵다는 생각에 많이들 찾아보고 연습합니다. 그런데 대부분 f는 어렵다는 인식이 없어서 연습이 부족한 경우가 많습니다.

소리규칙 **f**

단지 윗니가 아랫입술에 닿은 상태로만 발음하면 될까요? 그러다 보면 소리가 끊어집니다. 샜다가 뱉어주는 것이 핵심입니다.

I sometimes don't have a filter. 이 문장에는 내용어가 너무 많습니다. 잘 이어지게 발음해야 합니다.

TIP I sometimes don't have a filter.

한국어에서도 잘 쓰는 표현입니다. '나는 필터가 없어.' 성격에서 필터가 없다는 것은 무슨 의미일까요? 상대의 기분이나 내용을 고려하는 것이 우리 속에 있는 필터의 역할이죠? 필터가 없는 사람들은 보통 하고 싶은 말들을 다 하는 느낌이죠.

---

④ **That's annoying**.

That에 힘을 많이 줬어요. "'그게' 좀 짜증나." 이런 느낌으로 말한 거죠. That은 강조하지 않아도 되지만 여기에서처럼 강조할 경우에는 th 발음을 잘 살려서 뱉어줍니다.

자, 이제 소리튜닝 반복 훈련을 시작해볼까요?

① **What's** my **most annoying personality trait**?
② There's **too many**.
③ **I sometimes don't have** a **filter**.
④ **That's annoying**.

> **TIP** 완전히 외울 때까지 발음하면서 Writing도 반복하세요!

훈련 체크 ☐☐☐☐☐☐☐☐☐☐

Part 4 | 한–영 훈련

① 제 가장 짜증나는 성격적 특징이요?
② 너무 많은데요.
③ 제가 가끔 말할 때 필터가 없어요.
④ 그게 짜증나요.

> **TIP** 소리튜닝 배운 대로 하루 동안 틈나는 대로 무한 반복해서 외우세요! 한글을 보면서 영
> 어문장이 자동적으로 떠오를 때까지.

훈련 체크 ☐☐☐☐☐☐☐☐☐☐

annoying

짜증나게 하는 / 성가시게 하는
making you feel annoyed

1. ....

    너무 짜증나!

2. ....

    너무 짜증나니?

3. ....

    넌 그냥 짜증나는 사람이야.

4. ....

    그거 좀 짜증나지 않아?

5. ....

    그거 진짜 점점 짜증나게 하거든.

6. ....

    그만 좀 짜증나게 굴어.

7. ....

8.
....

9.
....

10.
....

11.
....

12.
....

13.
....

14.
....

15.
....

I'm good at basketball
저 농구 잘해요

2016년 3월 16일, 미국 NBC의 〈투나잇 쇼〉에 영화 〈소셜 네트워크〉에서 페이스북의 설립자 '마크 주커버그' 역으로 나왔던 배우 제시 아이젠버그가 출연했습니다.

Part 1   오늘의 예습 Today's Preview

MP3 파일 듣기

① How are you at basketball?

② Are you good?

③ I'm good. Yeah, I'm good at basketball.

④ You play all the time, yeah.

① 농구는 어때요?

② 잘해요?

③ 잘해요. 네, 저 농구 잘해요.

④ 농구 자주 하잖아요.

단어와 표현

* basketball [bǽskitbɔ̀:l 베스킷버얼] 농구
* be good at ~을 잘하다
* play [plei 플레이]
   ① 놀다, (게임) 하다 ② 경기를 하다 ③ (악기 음악을) 연주하다 ④ 연기하다

① **How** are you at **basketball**?

② Are you **good**?

③ I'm **good**. Yeah, I'm **good** at **basketball**.

④ You **play all** the **time**, yeah.

① **How** are you at **basketball**?

How are you at. **How**에 훅 뱉어주고 나오는 소리에 are you at을 복화술하듯이 힘없이 빠르게 처리해줍니다. **How**에서 h 발음 잡으셔야 합니다. 촛불 불 듯 '후' 하는 상태에서 입을 크게 벌려 [aʊ] 사운드 해주세요. at은 슈와 사운드로 잘 들리지 않습니다.

bas**ket**은 apple의 [æ] 사운드입니다. **basketball**[bǽskɪtbɔːl]은 1강세, 2강세가 있는 단어라 1강세뿐만 아니라 2강세도 어느 정도 들려주셔야 합니다. 둘 다 밀어주지만 1강세에 좀 더 밀어주는 느낌이에요. ket의 모음은 슈와 처리해줍니다.

② Are you **good**?

Are you **good**? 의문문입니다 Are you에서 준비하고 **good**에서 쏘세요.
good만 들리게 만들어주는 것입니다. g 사운드 제대로 해주시고, oo는 [ʊ] 말발굽
사운드로 '으'와 '우' 사이처럼 발음합니다. 너무 쉬운 문장이지만 이런 문장에서 리듬
을 충분히 느껴봐야 합니다.

③ I'm **good**. Yeah, I'm **good** at **basketball.**

I'm과 같은 축약이 정말 중요합니다. 실제로는 대부분 축약형을 쓰기 때문에 축약을
모르면 입으로도 안 나오고 들을 때도 잘 안 들립니다. 축약의 소리를 반드시 익숙하
게 만들어야 합니다.

I'm **good**. 리듬을 타보세요. 그러면서 Yeah합니다.

184

I'm **good** at **basketball**. 굉장히 많이 쓰이는 문장입니다. 내용어는 **good**, **basketball**입니다. 효율 영어입니다. 두 단어만 들어도 무슨 의미인지 알겠죠? 나머진 뭉개서 발음합니다.

리듬으로 왔다 갔다 해줍니다. 대신 소리가 끊어지지 않게 합니다. **good** at은 자음 d 다음에 모음 a가 나오므로 연음 처리해줍니다. 그래서 **good**at이고 d가 모음 사이에 있으므로 ㄹ로 소리납니다. '그렛'으로 입에서 편하게 나오게 소리 냅니다.

음소단위 g

음소단위 g의 쌍이 되는 소리는 c/k 소리입니다. 똑같은데 g는 유성음이고 c/k는 무성음입니다. c/k 소리가 익숙하신 분들은 그 소리에 목소리만 넣어주면 됩니다. 이들 소리는 내 안쪽 혀와 입천장 중에 말캉한 부분(연구개)을 닿게 해줍니다. 한국어로 '앙' 하면 얼추 이런 모양이 나와요. 이제 안쪽 혀와 입천장이 힘 있게 닿게 했다가 떼어줍니다. 그러면서 소리를 넣어줍니다.

---

④ You **play all** the **time**, yeah.

You **play all** the **time**. "너 자주 하더만.", "맨날 하더만."
일단 **play**, **all**, **time**에 밀어줍니다. 나머지 기능어는 립싱크하듯이 살짝 먹어봅니다. 기능어를 죽이는 연습을 하다 보면 알아서 리듬감까지 생깁니다.

play 다음에 basketball이 없지만 맥락상 생략한 것임을 알 수 있습니다. **play** 는 한 호흡입니다. '플레이' 하고 3음절처럼 연습하지 마시고 한 호흡에 쏟으셔야 합니다.
all the **time**. **all** 발음 신경 써서 뱉어주세요. '매일, 항상'이라는 뜻이죠.
You **play all** the **time**. 이런 짧은 문장으로 연습하다 보면 리듬감 익히기가 쉽습니다. 이 느낌을 긴 문장에도 적용하면 됩니다.

자, 이제 소리튜닝 반복 훈련을 시작해볼까요?

① **How** are you at **basketball**?
② Are you **good**?
③ I'm **good**. Yeah, I'm **good** at **basketball**.
④ You **play all** the **time**, yeah.

> **TIP**　완전히 외울 때까지 발음하면서 Writing도 반복하세요!

훈련 체크　☐☐☐☐☐☐☐☐☐☐

Part 4　한-영 훈련

①농구는 어때요?
②잘해요?
③잘해요. 네, 저 농구 잘해요.
④농구 자주 하잖아요.

> **TIP**　소리튜닝 배운 대로 하루 동안 틈나는 대로 무한 반복해서 외우세요! 한글을 보면서 영어문장이 자동적으로 떠오를 때까지.

훈련 체크　☐☐☐☐☐☐☐☐☐☐

Part 5 문장 확장 훈련

be good at + 명사 / 동명사

～를 잘하는

> '～를 잘한다. 능숙하다'는 의미를 갖고 있습니다. 평소에도 일상 회화에서 많이
> 쓸 수 있습니다. be good at, '～를 잘한다'는 뜻으로 많이 외우셨을 것입니다.
> '뭐 잘하세요?'라는 질문에 대한 답이죠.

1. ....

   나 이거 잘해.

2. ....

   너 판매 잘하잖아.

3. ....

   너 네 일 잘하니?

4. ....

   나 꽤 물건 정리 잘해.

5. ....

   너 네가 하고 있는 거 꽤 잘하잖아.

6. ....

7. ....

8. ....

9. ....

10. ....

11. ....

12. ....

13. ....

14. ....

188

I feel powerful, capable, confident, energetic.
나는 힘이 넘치고 다 할 수 있다고 느끼며 자신감 넘치고 열정적이다.

한영 훈련 중첩 복습

DAY 11

① 근데, 영화를 그런 식으로 생각해본 적 없어요.
② 처음으로, 생각했어요.
③ "저게 누구지?" "누가 저 영화를 만들었지?"
④ 그리고 "저게 내가 하고 싶은 거야."라고 생각했어요.

DAY 12

① 그래요, "우린 할 수 있어."
② 에밀리 블런트 씨가 그 정신을 짓밟은 게 사실인가요?
③ 특히나 힘든 날이었어요. 그건 인정해요.
④ 아주 힘든 날이었어요.

DAY 13

① 당신은 헐크잖아요.
② 도대체 어떻게 그런 일이 일어난 거예요?
③ 저도 항상 제 자신에게 물어봐요.
④ 모르겠어요.

DAY 14

① 그래서 당신이 나와 3명의 아이들을 가르칠 거죠.
② 최선을 다할게요.
③ 아이들을 데리고 오세요!
④ 내려 오렴.
⑤ 너희들 준비됐니? 호주 말 배울 준비?

DAY 15

① 아니, 아니, 네가 좀 헷갈린 거 같은데.
② 그런 거 같지 않은데.
③ 오, 네가, 네가, 그래.
④ 네가 무슨 말 하는지 알아.

⑤ 얘는 상업적인 버전을 말해주고 있는 거야.

DAY 16

① 근데 제가 듣기론 당신이 화장지를 훔친다는데요.
② 이건 제가 들은 말이에요.
③ 이건 제가 들었던 소문 같은 건데, 어디서냐면,
   만약에 호텔이나그런 곳에 가면 화장지를 훔쳐온다고요.

DAY 17

① 당신이 하버드 들어가는 게 어렵지 않다고 했잖아요.
   제가 의과대학에 들어가려고 하는데요. 비결이 있나요?
② 네, 영화에서 하는 말 듣지 마세요.
   거짓말이었어요. 하버드 들어가는 건 정말, 정말 어려워요.

DAY 18

① 그리고 이건… 그건 우리가 추구하는 바가 아니죠.
   그게 우리를 위대하게 만들지 않아요.
② 그게 바뀌기 전까지는….
③ 저는 그냥 이해가 안 돼요.
④ 전혀 말이 되지 않아요. 말이 안 돼요.

DAY 19

① 제 가장 짜증나는 성격적 특징이요?
② 너무 많은데요.
③ 제가 가끔 말할 때 필터가 없어요.
④ 그게 짜증나요.

DAY 20

① 농구는 어때요?
② 잘해요?
③ 잘해요. 네, 저 농구 잘해요.
④ 농구 자주 하잖아요.

영어천재가 되는 두 가지 기둥, 소리튜닝과 소리 블록!

1. 소리튜닝 : 소리의 괴리감 없애기

머리로 아는 소리와 실제 소리의 괴리감이 너무 크면, 아무리 많이 알아도 들리지 않고 말할 수 없습니다.

What time is it?	왓 타 임 이 즈 잇? (×)
	왓**타**임이짓?　　(○)

영어 소리는 모든 면에서 한국어와 너무 다릅니다. 그래서 영어 문법과 표현 공부만 한다면, 여전히 뭔가 부족함이 느껴지고 자신감을 얻을 수 없는 것입니다. 영어 소리 교육은 인생에서 한 번은 꼭 받아야 합니다.

영어 소리튜닝을 위해 훈련해야 할 요소는 발성, 호흡, 음소 발음, 강세 리듬입니다. 하나라도 빼먹어선 효과가 떨어지고, 이를 단계적으로 훈련하는 것이 가장 좋습니다. 음소를 모르는 상태에서 바로 문장을 섀도잉하는 것이 아니라, 각각의 요소들을 단계에 따라 체계적으로 훈련할 때 엄청난 변화를 느낄 수 있습니다.

2. 소리 블록 : 단어 말고 블록으로 받아들이기

들었는데, 그리고 다 아는 건데 이해가 안 되고 벅차다면 두 번째 기둥이 필요합니다. 문장을 소리 블록으로 만든다는 것은 흔히 말하는 '의미 블록'을 소리로 인지해서 말하고 듣게 하는 것입니다.

I'm going to	start talking	about this	first

노란 블록은 처음 말할 때 많이 쓰는 시작 블록(Beginning Block, BB)
빨간 블록은 가장 중요한 중심 블록(Core Block, CB)
핑크 블록은 상세 블록(Detailed Block, DB)

들을 때도 말할 때도, 8번 생각하는 것이 아니라 4번으로 이해하는 것입니다. 단어 20개로 이루어진 긴 문장도 블록화하면 결국 4~5개 정도밖에 안 될 때가 많습니다. 소리튜닝 법칙으로 입과 귀에 입혀놓은 '소리 블록'들을 많이 만들어놓는 것입니다. 이 소리 블록이 많아질수록 영어는 유창해집니다.

Chapter 3

Day 21
|
Day 30

I can do all the things.
나는 뭐든지 할 수 있다.

I feel for you
네 마음 이해해

영국 BBC의 'BBC Radio 1' 채널에서 2018년 3월 1일, 미국의 배우 제니퍼 로렌스를 인터뷰 했습니다. 제니퍼 로렌스의 NG장면 중 제니퍼가 'lunch'를 외치는 장면이 제일 재미있다고 말하네요. 한국어로 치면 "밥 먹고 합시다!" 이런 느낌이죠?

Part 1 오늘의 예습 Today's Preview

🎧 MP3 파일 듣기

① The best bit is when you say the word, 'lunch'.
② Incredibly loudly.
③ When you want a scene to be over, You're like, "Lunch!"
④ And I feel for you.

① 최고의 부분은 네가 '런치'라는 말을 할 때야.
② 엄청 큰 소리로.
③ 너는 촬영이 끝났으면 할 때, 이렇게 하잖아, "런치!"
④ 그리고 네 마음 이해해.

단어와 표현

＊bit [bɪt 빗]   ① 조금, 약간   ② 조금, 한 조각   ③ 부분, 일부
＊Incredibly [ɪnˈkredəbli 인크레더블리]
　　① 믿을 수 없을 정도로, 엄청나게   ② 믿기 힘들게도
＊loudly [láudli 을라우들리]   ① 큰 소리로, 소리 높이   ② 사치스럽게, 화려하게
＊word [wəːrd 월드]   ① 단어, 낱말, 말   ② 이야기
＊scene [siːn 씬]   ① (영화, 연극)장면   ② (특정한 일이 벌어지는) 장면   ③ 현장

Part 2 오늘의 소리튜닝 Today's Vocal Tuning

소리튜닝 Day21

① The **best bit** is when you **say** the **word**,

'**lunch**'.

② **Incredibly loudly**.

③ When you **want** a **scene** to be **over**,

You're like, "**Lunch**!"

④ And I **feel** for you.

① The **best bit** is when you **say** the **word**,

'**lunch**'.

강조되는 부분인 **best, bit, say, word, lunch**, 하나하나 제대로 뱉 겠다는 생각으로 해보세요.

The **best bit**. t를 중심으로 자음이 많은 경우 t를 탈락시키는 경우도 있고 스탑 사운드로 처리되는 경우도 있습니다. 여기에서는 그냥 탈락시켰습니다. '최고의 부분'이라는 말을 하니까 **best**에 '최고'처럼 처리를 해주셔야 합니다. 감탄한다는 느낌으로 b 소리 제대로 해서 힘 줘서 훅 뱉어주세요.

bit is에서 원래 t를 중심으로 앞뒤에 모음이면 ㄹ처럼 소리 내지만 여기에서는 충분히 bit을 뱉어주면서 t의 끊어지는 느낌을 살렸어요.

> **TIP** best bit. 최고의 부분. best part의 느낌으로 쓸 수 있습니다.

when you **say** the **word**(d d D d D) 리듬 먼저 훈련해봅니다. 몸이나 손 혹은 목이라도 움직이면서 리듬을 느껴봅니다. 그런 다음 **lunch** 하고, Light l 소리 제대로 해서 훅! 뱉어주세요.

> **음소단위** **Light l**
>
> lunch할 때 제니퍼 로렌스가 Light l 소리 너무 잘 내줬습니다. Light l의 경우 보통 혀끝을 뾰족하게 해서 입천장을 눌렀다가 떼며 '을런치' 이런 느낌으로 소리를 냅니다.

② **Incredibly loudly**.

Incredibly. '인크레더블리' 하면 꼬일 수밖에 없습니다. 이렇게 긴 단어들은 쪼개서 연습하는 것이 제일 좋습니다. 강조된 부분부터 연습해봅니다. 강세에서 던져주셔야 합니다. **cre**에만 힘 주고 나머지는 다 빼버리세요.

cre- credibly- Incredibly

loudly. 훅 내뱉는 힘에 **loudly**. 입을 편하게 벌리고 역시 Light l 처리 잘해서 '라우들리' 하지 않고, '을라우들리'로 소리 냅니다.

Incredibly loudly. 둘 다 내용어이므로 둘 다 똑같이 힘을 줄 수 있습니다. 이 경우, 강조하는 느낌으로 끊어집니다. 둘 중에 하나에만 더 힘 줘서 이어줄 수도 있습니다.

③ When you **want** a **scene** to be **over**,

　You're like, "**Lunch**!"

When you **want** a. **want** a는 want to와 마찬가지로 빠르게 말하면 wanna로 발음됩니다.

> ### TIP　want to vs. want a
> 소리 내는 방식이 똑같아 듣는 것만으로는 구별이 어렵습니다. 따라서 뒤에 동사가 오면 want to, 명사가 오면 want a로 유추할 수 있습니다.

scene to be **over**. **scene**의 s 사운드 신경 써서 훅 뱉어주고 e 길게 발음해 줍니다. to be는 들어오는 힘에 대충 처리합니다. 그리고 다시 o에 훅 뱉어줍니다. **over** 할 때 강세인 o를 제대로 길∼게 안 해주면 한국어 느낌이 납니다.

> ### TIP　A want B to 동사
> 정말 자주 쓰이는 패턴입니다. 'A는 B가 (동사)하기를 바라다'라는 뜻입니다.

When you **want** a **scene** to be **over**. 훅훅훅 던지면서 가는 느낌인데 아무 때나 던지는 게 아니라 내용어의 악센트만 던진다는 느낌이에요. 아무리 빨리 해도 내용어는 제대로 던져주셔야 돼요. **want**, **scene**, **over**. 이렇게 3개만 들어도 이해가 가는 이유는 효율 영어이기 때문입니다.

You're like. '너 그러잖아.' 정도의 해석을 할 수 있습니다. 모두 기능어로 이루어져 있습니다. 복화술하듯 입 거의 벌리지 않고 대충 뭉개면서 소리 내주다가 **Lunch** 에서 제대로 훅! 터져줍니다. You're like, "**Lunch!**"

④ And I **feel** for you.

feel 할 때 f 소리 제대로 해서 터져줍니다. '이해 돼.' '네 마음 알 것 같아' 할 때 쓸 수 있는 표현입니다.

> **TIP** | I feel for you
> 같은 경험을 해서 완전히 동감한다기보다는 '확실하지는 않지만 어떤지는 알 것 같다'는 뉘앙스입니다. I agree가 동의의 표현이라면 I feel for you는 동감의 느낌이에요.

> **음소단위** l
> l에는 Light l과 Dark l이 있습니다. 우리가 흔히 알고 있는 l은 Light l이라고 생각하면 됩니다. Light l은 보통 모음 앞에 위치합니다. 예를 들어, light. lie. clever 모두 Light l입니다. 이 소리는 혀끝이 윗니 뒤쪽과 잇몸이 시작하는 부위에 힘 있게 댔다가 떼는 소리입니다. 혀에 힘을 주다 보니 '을…' 소리를 했다가 소리가 나갑니다. 예를 들어, light는 '라이트'가 아니고 '을라이트'입니다.
> Dark l은 보통 모음 뒤에 위치해서 단어 끝에 많이 보입니다. 예를 들어. feel. sale. nail. pool이 있습니다. Dark l소리는 혀끝이 중요한 게 아니라 혀 안쪽이 중요합니다. 혀끝은 전혀 신경 쓰지 않습니다. 혀 안쪽을 목구멍 쪽으로 당긴다는 느낌으로 '얼' 소리를 내줍니다. 그래서 sale 할 때 '세일'이 아니라 '세얼' 하는 느낌으로 소리가 나옵니다.

자, 이제 소리튜닝 반복 훈련을 시작해볼까요?

평생 이렇게
영어 공부해야 할까요?

"이렇게 풀떼기만 먹고 어떻게 살아요?"
"평생 그렇게 먹고 살라는 것이 아니라 100일만 그렇게 하자는 거예요!
100일만 견디면 몸이 변하고 인생이 바뀌는데 해볼 만하지 않은가요?"

제가 다이어트하던 시절 트레이너와의 대화입니다. 영어와 다이어트는
매우 비슷합니다. 일정한 단계에 도달하려면 힘든 인내의 시간이 필요하
죠. 하지만 100일 동안 집중적인 '영어 소리튜닝'을 거치면 누구나 영어
실력의 극적인 변화를 느낄 수 있습니다. 그리고 나면 적당히 현재 상태
를 유지하면서 즐기는 단계에 진입할 수 있죠!

① The **best bit** is when you **say** the **word**, '**lunch**'.

② **Incredibly loudly**.

③ When you **want** a **scene** to be **over**,
   You're like, "**Lunch**!"

④ And I **feel** for you.

> **TIP** 완전히 외울 때까지 발음하면서 Writing도 반복하세요!

훈련 체크 ☐☐☐☐☐☐☐☐☐☐

Part 4 한–영 훈련

① 최고의 부분은 네가 '런치'라는 말을 할 때야.

② 엄청 큰소리로.

③ 너는 촬영이 끝났으면 할 때, 이렇게 하잖아, "런치!"

④ 그리고 네 마음 이해해.

> **TIP** 소리튜닝 배운 대로 하루 동안 틈나는 대로 무한 반복해서 외우세요! 한글을 보면서 영어문장이 자동적으로 떠오를 때까지.

훈련 체크 ☐☐☐☐☐☐☐☐☐☐

A want B to 동사

A는 B가 (동사)하기를 바라다

1. ....
   나는 네가 나를 봐줬으면 좋겠어.

2. ....
   너는 내가 그걸 하면 좋겠어?

3. ....
   너는 내가 뭘 하면 좋겠어?

4. ....
   내가 빌기를 원해? (= 내가 빌기라도 하리?)

5. ....
   그녀는 내가 책임을 지길 바라.

6. ....
   엄마는 내가 아이를 갖길 바라셔.

7. ....

8. ....

9.

10.

11.

12.

13.

14.

15.

I refuse to give up because I haven't tried all possible ways.
나는 포기하지 않는다.
왜냐하면 모든 가능한 방법을 시도해보지 않았기 때문이다.

Day 22

It's so classic
정말 최고죠

2017년 4월 21일, 제임스 코든이 진행하는 미국 CBS 〈더 레이트 레이트 쇼(The Late Late Show)〉에 배우 앤 해서웨이와 롭 딜레이니가 출연했습니다. 진행자 제임스가 앤에서 질문을 하네요.

Part 1 | 오늘의 예습 Today's Preview

 MP3 파일 듣기

① What's your favorite romantic comedy?
② I have two. It's Notting Hill and....
③ Natch.
④ Yeah, It's so classic.

① 제일 좋아하는 로맨틱 코미디 영화가 뭐예요?
② 저는 두 개가 있어요. 〈노팅 힐〉이랑…
③ 당연하죠!
④ 네! 정말 최고죠.

단어와 표현

* **favorite** [féivərit 페이버릿]
  형용사: ① 마음에 드는, 총애하는 ② 특히 잘하는
  명사: ① 좋아하는 사람 ② 특히 좋아하는 물건
* **Natch** [nætʃ 냇취] (속어) 당연히, 아니나 다를까 (Naturally)
* **classic** [ˈklæsɪk 클래식]
  ① 일류의, 최고 수준의 ② 전형적인, 대표적인 ③ 고전적인

206

Part 2

오늘의 소리튜닝 Today's Vocal Tuning

① **What's** your **favorite romantic comedy**?

② I **have two**. It's **Notting Hill** and....

③ **Natch**.

④ **Yeah**, It's **so classic**.

① **What's** your **favorite romantic comedy**?

What's your. t와 s가 붙어 있으면 '츠' 하고 소리 냅니다. **What**은 내용어니까 훅 뱉어주면서 들어오는 소리에 **-'s** your까지 처리해줍니다. D d 리듬입니다.

favorite. fa에 세게 힘을 줬습니다. f 사운드를 단순히 윗니가 아랫입술만 물고 떼버리면 어색하게 들립니다. f는 계속음이라서 소리가 새어나갔다가 훅 터져줍니다. r 앞에 있는 o는 슈와 처리합니다. 모음이 없다고 생각하고 소리 내면 입을 많이 벌릴 필요가 없습니다.

What's your **favorite**. 여기까지 편한 발음이 나올 때까지 연습하세요.

romantic comedy. **man**에 뱉어주면서 앞에 ro는 오우[oʊ] 사운드 살려주세요. d D d 리듬이에요. **comedy**의 o는 '아'로 들리도록 길고 깊게 소리 냅니다. **What's** your **favorite romantic comedy**? 천천히 끊어지지 않도록 연습하며 조금씩 속도를 올려봅니다.

② I **have two**. It's **Notting Hill** and....

I **have two**. **two**에 힘을 더 줬고요. '우우' 사운드입니다. 길게 가셔야 돼요. It's **Notting Hill** and… 이 문장의 중요한 정보는 **Notting Hill**입니다. **Notting**에 [ɑ] 사운드 나왔습니다. 영국식이라면 t 소리를 살려 '노팅'했겠지만, 앤 해서웨이는 t를 ㄹ 소리로 처리했어요. '나링'이라고 소리가 들리지요? **Hill**에 h는 한숨 내쉬는 소리예요. '내가 제일 좋아하는 게 두 개가 있는데 하나는 노팅힐이고...' 말하려고 했더니 뭐라고 해요?

③ **Natch**.

Natch. 일종의 슬랭입니다. Naturally예요. '당연하지.' 이 말을 줄여서 **Natch**라

208

고 말하기도 합니다. n 사운드 살리고 이어서 [æ] 사운드입니다.

Notting Hill은 모든 사람이 다 알 만한 영화입니다. '아, 그렇지. 노팅힐은 최고의 classic romantic comedy지. 당연히 최고지!' 그래서 상대가 한 말에 '두말할 나위 없지!'라는 반응을 할 때 쓸 수 있어요.

TIP　Naturally할 때 a가 입 크게 벌리는 apple의 [æ] 소리예요. 입을 최대한 크게 크게 벌려 줍니다. Naturally에서 나온 말이니까 Natch도 그렇게 합니다

음소단위　a [æ]

apple 소리로 잘 알려진 이 음소 단위는 입에서 매우 부담스러운 발음입니다. 입 아래, 위, 양 옆에 누가 실을 걸어놓고 네 방향으로 당긴다고 생각하세요. 턱관절도 상당히 아래로 내려갑니다. 모음 중에 가장 입을 크게 벌리는 음소단위입니다. 너무 과하게 찌그러질 정도로 벌리지는 마세요. 근육에 너무 힘이 들어가면 발성이 올라가버립니다. 나에게 편한 정도로만 가세요.

---

④ **Yeah**, It's **so classic**.

classic이라는 단어의 뜻은 한마디로 정의하기 굉장히 어렵습니다. 그래서 예를 찾아보면서 뉘앙스를 알아가시는 게 좋습니다.

Yeah 할 때 와이 사운드 제대로 해주셔야 해요. 혀끝으로 아랫니 안쪽 꾹 누르시고 뱉어줍니다. **so**의 s는 f와 함께 대표적인 계속음입니다. 항상 뱀 지나가는 소리가 나와야 해요. 이것 역시 오우 사운드로 처리합니다.

classsic. [k] 사운드와 l 사운드가 동시에 나가는 이중자음입니다. '크' 하면서 혀끝으로 입천장을 꾹 눌러보면 두 소리가 동시에 나올 수 있습니다. 그 상태에서 소리냅니다.

'맞아, 이거 완전히 고전 영화지. 비교 불가한 최고지. 대표적인 로맨틱 코미디지.'

자, 이제 소리튜닝 반복 훈련을 시작해볼까요?

① **What's** your **favorite romantic comedy**?
② I **have two**. It's **Notting Hill** and....
③ **Natch**.
④ **Yeah**, It's **so classic**.

> **TIP** 완전히 외울 때까지 발음하면서 Writing도 반복하세요!

훈련 체크 ☐☐☐☐☐☐☐☐☐☐

Part 4 한-영 훈련

①제일 좋아하는 로맨틱 코미디 영화가 뭐예요?
②저는 두 개가 있어요. 〈노팅 힐〉이랑…
③당연하죠!
④네! 정말 최고죠.

> **TIP** 소리튜닝 배운 대로 하루 동안 틈나는 대로 무한 반복해서 외우세요! 한글을 보면서 영어문장이 자동적으로 떠오를 때까지.

훈련 체크 ☐☐☐☐☐☐☐☐☐☐

Part 5 문장 확장 훈련

classic

1. 최고의, 비교불가능한 2. 전형적인 3. 전통의, 고전의

실제 회화에서 'It's classic.'이라고 하며 떨떠름한 표정을 짓는 경우에는 '네
가 그렇지 뭐(전형적이네).' 하는 뜻으로도 쓰일 수 있습니다. classic이라는 단
어는 굉장히 다양한 상황에서 많은 방법으로 쓰입니다. 그래서 한마디로 정의하
기가 힘들지요. 여러 가지 예를 보시면서 감을 잡아가시는 게 좋습니다.

1. ....

네가 그렇지 뭐.

2. ....

3. ....

4. ....

5. ....

정답 1. This is so classic you.

Day 23 It's about time!
때가 됐죠!

2015년 8월 5일, NBC의 〈엘렌 드제너러스 쇼(The Ellen DeGeneres Show)〉에 미국의 영화배우 케빈 스페이시가 출연했습니다. 드라마 〈하우스 오브 카드(House of Cards)〉에서 미국 대통령으로 나왔죠. 그는 '2015 골든글로브' 시상식에서 남우주연상을 수상했습니다. 엘렌이 축하해주네요.

Part 1 오늘의 예습 Today's Preview

🎧 MP3 파일 듣기

① Congratulations,

   after finally, eight nominations,

   you finally win a Golden Globe.

   It's about time!

② Yes.

① 축하드립니다.

   8번이나 후보에 오른 끝에,

   마침내 골든 글로브 상을 받네요. 때가 됐죠!

② 네.

단어와 표현

* **Congratulation** [kəngrætʃʊleɪʃən 컨그래츌레이션]
  ① 명사: 축하 (뒤에 -s가 없으면 축하 행위를 뜻하는 명사로 쓰입니다.)
  ② Congratulations: 축하해! 보통 뭔가를 성취한 것에 대한 축하함을 표현합니다.
  그래서 생일이나 크리스마스에 쓰는 것은 어색합니다.

* **nomination** [.nɑːmɪ'neɪʃn 나미네이션] 지명, 추천, 임명

* **win** [win 윈]
  ① 이기다 ② (경쟁에서 이겨서) 따다 ③ (노력을 통해) 얻다

Part 2 　오늘의 소리튜닝 Today's Vocal Tuning

소리튜닝 Day23

① **Congratulations**,

after **finally**, **eight nominations**,

you **finally win** a **Golden Globe**.

It's about **time**!

② **Yes**.

① **Congratulations**,

after **finally**, **eight nominations**,

you **finally win** a **Golden Globe**.

It's about **time**!

Congratulations. 굉장히 깁니다. 단어가 길어서 꼬일 때는 마치 여러 단어인 것처럼 잘 끊어서 연습했다가 붙이세요.
[kənˌɡrætʃuˈleɪʃn] Con의 o는 n 앞에 있는 슈와 발음이에요. 없다고

생각해도 좋습니다. gr과 같은 이중자음은 동시에 내준다고 생각하세요. 입 안쪽에서 g 사운드가 나오고 r 사운드는 혀끝과 입술이 뒤집어지죠? 그래서 동시에 할 수 있습니다.

Congratu / lations. 끊어서 연습하다가 붙입니다. 1강세인 la가 잘 들리게 해주세요.

TIP Congratulations!

긴 발음이다 보니 잘라서 'Congrats!'로 말하기도 합니다. d D 리듬으로 소리 냅니다. 공식적인 자리보다는 편한 자리에서 사용할 수 있습니다. Congratulations는 생일을 축하할 때는 잘 쓰지 않고 좀 더 어렵게 획득한 것에 대해 축하할 때 쓰는 표현입니다.

---

after **finally**. 뱉듯이 f 합니다.

엘렌의 **finally** 발음을 들어보면 '파인리'로 들립니다. n 뒤에 있는 a가 슈와 사운드이기 때문입니다. l 앞에 나오는 슈와는 없는 발음처럼 처리할 수 있습니다. 발음하더라도 흐르듯이 나옵니다. 이렇게 말할 때도 있다는 것을 기억해두세요.

eight 훅, 한 호흡에 뱉으면서 소리 냅니다. **eight**는 t로 끝나고 다음에 자음 n으로 시작하니 살짝 호흡 끊어줍니다.

nominations. 꽤 길죠? 1강세, 2강세가 있습니다. na가 1강세, no가 2강세. no 소리도 살짝 들리는 것입니다. 이때 o는 father의 [ɑ:] 사운드입니다. 1강세에 훅 하고 더 나가주세요.

---

you **finally win** a **Golden Globe**. '마침내 골든 글러브를 획득했구나!' win을 여기서 '이기다'로 해석하면 어색합니다. win에 achieve라는 뜻이 있다는 것을 알아두세요. 시제가 과거여서 win보다 won을 쓰는 게 맞습니다만 영상에서는 win을 썼어요. 한국어로도 '마침내 상을 타셨네요!' 할 수도 있지만 '마침내 상을 타네요!'라고 할 수도 있죠.

win a. '윈 어' 하지 말고 **win**a로 한 단어처럼 소리 내주세요. w 발음은 모아진 입술에 진동이 느껴질 정도로 힘이 들어가고 긴장이 들어가셔야 됩니다.

Golden Globe. **Globe**는 [oʊ] 사운드이고, b 사운드는 진동이 느껴지는 유성

214

음입니다. p, b 둘 다 입술을 다물면서 끝나지만 b는 무성음인 p보다 여유 있게 끝나는 느낌입니다.

It's about **time**. '때가 됐지.'라는 뜻으로 쓸 수 있습니다. 여기에 너무 늦었다는 의미까지 가지고 있습니다. Something should have happen already. '벌써 했었어야지, 너무 늦었잖아. 진작에 탔었어야 되는데!' 이런 뉘앙스와 의미가 있습니다.

② **Yes**.

y 사운드 제대로 혀 안쪽 꾹 눌렀다가 '이예스' 해주세요.

자, 이제 소리튜닝 반복 훈련을 시작해볼까요?

Part 3 | 소리 반복 훈련

🎧 MP3 파일 듣기

① **Congratulations**,
  after **finally**, **eight nominations**,
  you **finally win** a **Golden Globe**.
  It's about **time**!
② **Yes**.

> **TIP** 완전히 외울 때까지 발음하면서 Writing도 반복하세요!

훈련 체크 ☐☐☐☐☐☐☐☐☐☐

Part 4 | 한-영 훈련

① 축하드립니다.
  8번이나 후보에 오른 끝에,
  마침내 골든 글로브 상을 받네요. 때가 됐죠!
② 네.

> **TIP** 소리튜닝 배운 대로 하루 동안 틈나는 대로 무한 반복해서 외우세요! 한글을 보면서 영어문장이 자동적으로 떠오를 때까지.

훈련 체크 ☐☐☐☐☐☐☐☐☐☐

216

win

1. 이기다
2. 획득하다 / 얻다

1.
   우리는 오늘 밤 이길 거야.

2.
   우리가 이 전쟁에서 이길 거야.

3.
   그녀는 이번 선거에서 이길 거야.

4.
   난 이 논쟁에서 이길 수 없을 거야.

5.
   그건 네가 이길 수 없는 말다툼이야. (*argument)

6.
   나 돈 땄어.

7.
   난 여전히 노벨상을 받을 수 있어.

8.
_____

9.
_____

10.
_____

11.
_____

12.
_____

13.
_____

14.
_____

15.
_____

I feel on top of the world.
나는 세계 최고라고 느낀다.

영어를 잘할 수 있게 되면 무엇을 하고 싶은가요? 원어민 친구 사귀기? 좋아하는 책의 원서를 보기? 자막 없이 미드나 영화 보기? 외국에 있는 친구나 가족들과의 소통? 자유로운 해외 여행? 해외로의 이직? 무엇이든 영어를 잘하게 되고 자신감이 생기면 너무나 자연스럽고 쉽게 할 수 있을 것입니다. 여러분의 인생 무대를 한국으로 한정 짓지 마세요! 더 넓은 세계를 무대로 인생을 즐기세요!

I turned it down
제가 거절했죠

2016년 5월 25일, 힐러리 클린턴이 대선 출마 후 〈엘렌 드제너러스 쇼(The Ellen DeGeneres Show)〉에 출연했습니다. 부통령 이상형 월드컵을 하는데, 엘렌이 '당연히 저겠죠?'라고 말합니다.

Part 1 오늘의 예습 Today's Preview

🎧 MP3 파일 듣기

① Well, but I mean,

I already offered it to you.

You didn't sound like you were gonna...

② I turned it down.

③ You turned it down. So, it's not me.

① 근데, 전 이미 당신에게 제안했어요.

하신다는 말씀 같지가 않았어요….

② 제가 거절했죠.

③ 당신이 거절했어요. 그래요, 제가 아니에요.

단어와 표현

* **offer** ['ɔːfə(r); 'ɑːfə(r) 어펄]   ① 제의하다, 권하다   ② 내놓다, 제공하다
* **turn down**   ~을 거절/거부하다
* **already** [ɔːlrédi 얼뤠디]   이미/벌써
* **sound like**   ~처럼 들리다
* **Who'd you rather?**
  '누가 더 나아?'라는 게임. 우리나라의 '이상형 월드컵' 게임과 비슷합니다.

① **Well**, but I mean,

I **already offered** it to you.

You **didn't sound** like you were gonna...

② I **turned** it **down**.

③ You **turned** it **down**. **So**, it's **not** me.

① **Well**, but I mean,

I **already offered** it to you.

You **didn't sound** like you were gonna...

Well부터 한 호흡으로 나왔습니다. **Well**은 기능어일 때가 대부분이지만 내용어일 때도 있습니다. 그래서 힘이 들어갈 때도 있고, 안 줄 때도 있지요. 이 장면에선 힐러리가 w 소리를 제대로 해서 힘을 상당히 줬습니다. but I mean, 힘 들어가는 게 없습니다. I mean은 특히 추임새로 쓰이는 경우 힘없이 빠르게 해줍니다. 생각의 버퍼링 부분입니다.

I **already**. **already**는 내용어입니다. 리듬은 d D d입니다. 리듬 먼저 하고 단어 넣어서 훈련합니다. Dark l 사운드와 r을 한 번에 내기 어려우실 수 있어요. 천천히 해보면서 조음기관의 움직임을 살펴보세요. 마지막 d 사운드는 모음과 모음 사이에서 ㄹ처럼 소리 나기 때문에 편하게 발음됩니다.

offer의 o는 [ɔ] 사운드입니다. **offered** it to you. **offered** it에서 d로 끝나고 바로 it이 나옵니다. 자음 + 모음이므로 연음처리합니다. 그리고 it 다음 to가 나와서 t가 겹치니까 t 하나를 떨어뜨립니다. 그래서 '**offered**ito' 이렇게 하나의 단어처럼 연결이 됩니다. o에서 훅 뱉어 주고 들어오는 소리에 you까지 편하게 처리합니다.

음소단위　o

음소단위 o는 여러 발음기호가 가능합니다. [ɔ]일 수도 있고 [a]일 수도 있고 [ou]일 수도 있지요. 그때그때 발음기호를 찾아보는 게 좋습니다. o는 생각보다 입이 크게 벌어지는 소리입니다. 한국어의 '오'라고 생각하면 입이 앞으로 오그라들고 크게 안 벌려집니다. 그런데 생각보다 큰 발음이라서 500원짜리 동전 정도 입이 벌어진다고 생각하고 그 상태에서 훅 힘을 주세요.

You **didn't sound** like you were gonna...
이 문장에서 내용어는 **didn't**와 **sound**입니다. t 다음에 s라는 자음이 왔으니 살짝 끊어줍니다. s 소리는 뱀 지나가는 소리 내면서 훅 뱉으면서 발음해주세요. **sound**는 입을 크게 벌려서 발음합니다. **sound** like. 자음이 너무 많으니 d를 떼고 편하게 이어줄 수 있습니다.
sound의 경우 ou이기 때문에 여러 개 붙어 있죠. 원래 강세가 있는 부분은 길게 소리를 내지만, 원래보다 더 길게 소리를 냅니다! 만약에 모음이 beautiful의 eau처럼 3개가 붙어 있다면 더 길~ 게 소리 내줍니다.

소리규칙　모음이 여러 개 붙어 있을 때는 한 모음 취급하고 길게 소리 낸다.

like you were gonna... 힘들어가는 부분이 하나도 없습니다. 뒤를 흐리면서 말하는 느낌입니다. '내가 너한테 제안했는데 그닥 원하는 것 같지 않게 들렸어.'
슬로우로 많이 연습해보고 편해지면 점점 빠르게 해봅니다. 내용어 악센트 잘 살리며 뱉어주세요.

② I **turned** it **down**.

엘렌이 인정합니다. "내가 거절했지."

turned가 만약 과거형이 아니었다면 n 사운드가 더 들렸겠지만 이게 과거형이라는 것을 알려줘야 하기 때문에 d 사운드를 살려야 합니다. 뒤에 it이 있으니 연음규칙이 적용됩니다. 마치 '**turned**it' 이런 느낌으로 이어서 소리 냅니다. 그래야 입이 편합니다.

I **turned** it **down**. turn down은 구동사입니다. 구동사 규칙은 두 단어를 이어주고 뒤에 힘을 조금 더 준다는 겁니다. 둘 다 힘이 들어가지만 끝을 살짝 올리는 느낌입니다.

③ You **turned** it **down**. **So**, it's **not** me.

그랬더니 이제 힐러리가 힘을 얻고, "그래, 네가 거절했잖아." 이렇게 얘기합니다.

So. s로 샜다가 [oʊ] 발음으로 나옵니다. '쏘' 하시면 안 됩니다. '쏘우~'
it's **not** me. t 다음에 자음 오니까 '낫!미' 훅 하고 소리 살짝 끊어주어야 합니다.
'난미' 이렇게 연음 처리하면 안 됩니다.

자, 이제 소리튜닝 반복 훈련을 시작해볼까요?

① **Well**, but I mean,

I **already offered** it to you.

You **didn't sound** like you were gonna...

② I **turned** it **down**.

③ You **turned** it **down**. **So**, it's **not** me.

> **TIP** 완전히 외울 때까지 발음하면서 Writing도 반복하세요!

훈련 체크 ☐☐☐☐☐☐☐☐☐☐

Part 4 한–영 훈련

① 근데, 전 이미 당신에게 제안했어요.

하신다는 말씀 같지가 않았어요….

② 제가 거절했죠.

③ 당신이 거절했어요. 그래요, 제가 아니에요.

> **TIP** 소리튜닝 배운 대로 하루 동안 틈나는 대로 무한 반복해서 외우세요! 한글을 보면서 영어문장이 자동적으로 떠오를 때까지.

훈련 체크 ☐☐☐☐☐☐☐☐☐☐

turn down

1. 소리를 줄이다
2. 거절하다

1. ....

음악 소리 좀 줄여.

2. ....

그것 좀 줄여.

3. ....

소음 좀 줄여줘!

4. ....

그 제안을 거절한다고?

5. ....

감사합니다. 하지만 당신의 제안을 거절해야 할 것 같아요.

6. ....

너 진짜로 내 도움 거절하는 거야?

7. ....

내가 어떻게 그런 초대를 거절할 수 있겠어?

8. ....

너 날 거부하는 거야?

9. ....

그녀는 날 거부하지 않았어.

10. ....

11. ....

12. ....

13. ....

14. ....

정답   1. Turn down the music.

2. Turn it down.

3. Turn the noise down!

4. Turn down the offer?

5. Thank you. But I'm going to have to turn your offer down.

6. You're really gonna turn down my help?

7. How can I turn down an invitation like that?

8. You're gonna turn me down?

9. She didn't turn me down.

끝까지 할 수 있을까요?
힘들어요!

벌써 며칠째인가요? 벌써 24일차입니다. 시간은 점점 흐르고 실력은 정말 좋아지고 있죠. 보통 100일 정도의 프로젝트를 진행할 때 가장 힘든 것이 무엇일까요? 자기 자신입니다. 내 엉덩이 들어서 공부하는 데까지 데리고 가는 것도 너무 힘듭니다.

하지만 생각해보세요. 우리는 굳이 공부하는 데까지 안 가도 됩니다. 책 펴고, 강의 재생시키고 따라 하다 보면? 좋아집니다! 긍정적으로 편하게 생각하셨으면 좋겠습니다.

Day 25

What's the big deal?
그게 뭐 대수야?

미국의 프로그램 개발 회사 '콜드퓨전(ColdFusion)'은 2016년 1월 7일, 유튜브 채널에 '스페이스X(Space X)'에 대한 영상을 업로드했습니다. '스페이스X(Space X)'는 일론 머스크가 설립한 회사이지요. 우주선 발사에 성공한 '스페이스X'의 방식은 무엇이 다른지 설명합니다.

Part 1   오늘의 예습 Today's Preview

 MP3 파일 듣기

① Okay, so, that's all nice.

② But really, what's the big deal?

③ Well, firstly,

    Elon's methods are drastically cheaper.

④ Let me explain.

① 그거 다 멋지죠.

② 근데 정말로, 그게 뭐 대수냐고요?

③ 글쎄, 일단 일론의 방식은 훨씬 더 저렴해요.

④ 설명해드리죠.

단어와 표현

＊deal [di:l **디**얼]
　　① 처리하다, 다루다 　② 거래, 합의 　③ 취급, 처리
＊method ['meθəd **메**써드] 　방법
＊drastically [dræstikəli 드**뢔**스티컬리] 　과감하게, 철저하게, 대폭

① **Okay**, so, **that's all nice**.

② But **really**, **what's** the **big deal**?

③ Well, **firstly**,

  Elon's methods are **drastically cheaper**.

④ Let me **explain**.

① **Okay**, so, **that's all nice**.

Okay는 강세가 뒤에 있어요. 이때 o 소리가 [oʊ]라는 것을 기억하세요. 단, 힘은 들어가지 않고 빠르게 갑니다.

that에 강세가 있느냐 없느냐에 따라 뉘앙스가 달라집니다. th는 돼지꼬리 소리 [ð]입니다. 혀가 이 사이로 나오고 닿는 부위에 진동을 느끼면서 뱉어줍니다.

all에서 모음에 강세가 있고 [ɔːl]입니다. [ɔ]는 '어' 상태에서 턱이 더 내려갑니다. '어'와 '오' 중간 소리가 나죠. 강세가 있으니 꾹 밀어줍니다. 그리고 Dark l입니다.

all nice 둘 다 뱉습니다. **nice**에서 n은 혀 끝으로 입천장 누르고 입으로 나가는 소리 막고 코로 소리가 나갑니다. '은' 하고 진동 느껴보세요.

Okay, so, **that's all nice**. 이어봅시다. 에너지가 이어진다는 느낌으로 천천히 하다가 속도를 냅니다.

② But **really**, **what's** the **big deal**?

'나사도 옛날에 우주선 성공했는데, 그게 뭐? 나사는 벌써 끝낸 건데.' 이런 느낌으로 말하고 있습니다.

But **really**. **really**의 r 사운드 잘해주셔야 합니다. w와 r이 형제인데, 그래서 시작이 똑같습니다. w도 '우' 하면서 쏴주는 느낌입니다. 마지막에 혀끝이 입천장 쪽으로 오고 입술은 까뒤집어집니다.

what's에서 t's는 '츠' 소리로 끝납니다. '와트스' 아니고 '와츠'입니다.

big deal g 사운드 살짝 터트려도 됩니다. 하지만 대부분 스탑 사운드로 끊어줍니다. 단, 유성음이라 살짝 진동이 느껴진 뒤 d가 터집니다.

> **음소단위** g와 k
>
> g는 k와 형제입니다. 소리 내는 방식은 같은데 유성음/무성음 차이입니다. 혀의 안쪽과 연구개가 닿고 숨을 멈췄다가 터지는 소리입니다. g는 유성음이라 성대가 떨리고, k는 떨리지 않습니다. g로 끝날 때는 살짝 여유가 있고, k는 갑작스레 끝내는 느낌이 있죠

③ Well, **firstly**,

Elon's methods are **drastically cheaper**.

Well, **firstly**. '퍼스틀리'해도 되지만 자음이 많아서 t가 떨어져 나갑니다. fi(r)s(t)ly에서 괄호 친 부분들의 소리는 생략 가능합니다. 영국식의 경우 r 소리를 생략하고 미국식은 r 소리를 살려줍니다. **firstly**에서 t는 보통 생략됩니다. 그래서 '펄슬리'라는 느낌이지요.

Elon의 발음은 [i:]로 시작하고 [oʊ] 사운드입니다. 그리고 앞에 강세가 있죠. **Elon's**까지 이어줍니다. 유명한 이름들은 사전에 발음기호가 나오는데, **Elon** 같은 이름은 그런 이름은 아니라 발음기호는 없습니다.

methods. method에서 **me**에 힘이 들어갑니다. 나갔다가 들어옵니다. '메써드즈' 아니고 '메써ㄷ' 살짝 뭉개줍니다.

drastically 발음 연습 많이 하세요. [ˈdræstɪkli] dr은. 이중자음이기 때문에 둘 다 중요하게 뱉어줘야 합니다. 그 다음 [æ]로 입 벌려주시고, s 다음에 t 나오므로 된소리, [k]도 강세 없어서 된소리가 되죠. l 앞의 슈와는 모음 없다고 생각하셔도 됩니다.

cheaper의 ch 음소단위를 위해 sh 입 모양으로 하고 혀끝은 입천장을 튀겨주면 됩니다. 모음 ea는 장모음 [i:] '이이'입니다.

drastically cheaper. '훨씬 더 싸. 엄청나게 싸.'라는 의미입니다.

Well, **firstly**, **Elon's methods** are **drastically cheaper**.

> **TIP**   부사 뜻 찾아보기
>
> **drastically**는 부사입니다. 사전에 찾아보면 '급격하게'라고 나오는데 와닿지 않습니다. 우리도 '많이'와 '잔뜩', '엄청'을 명확히 구분하기 어려운 것처럼요. 그래서 이런 부사들은 콜로케이션을 알아놓는 것이 좋습니다. 유글리시 사이트에 들어가서 검색해보면 함께 자주 쓰이는 단어들이 느껴질 것입니다.

---

④ Let me **explain**.

explain 발음 주의하셔야 합니다. x 사운드가 [ks] 사운드이기 때문이에요. 발음기호를 보면 [ɪkˈspleɪn]이므로 [ks] 사운드가 중간에서 끊어집니다. 이때 [s] 사운드를 잘 내야 합니다. plain이 아니라 [s]가 잘 들려야 하는 게 중요합니다.

자, 이제 소리튜닝 반복 훈련을 시작해볼까요?

Part 3

소리 반복 훈련

🎧 MP3 파일 듣기

① **Okay**, so, **that's all nice**.

② But **really**, **what's** the **big deal**?

③ Well, **firstly**,

   Elon's methods are **drastically cheaper**.

④ Let me **explain**.

| TIP | 완전히 외울 때까지 발음하면서 Writing도 반복하세요! |

훈련 체크 ☐☐☐☐☐☐☐☐☐☐

Part 4 한-영 훈련

①그거 다 멋지죠.

②근데 정말로, 그게 뭐 대수냐고요?

③글쎄, 일단 일론의 방식은 훨씬 더 저렴해요.

④설명해드리죠.

| TIP | 소리튜닝 배운 대로 하루 동안 틈나는 대로 무한 반복해서 외우세요! 한글을 보면서 영어문장이 자동적으로 떠오를 때까지. |

훈련 체크 ☐☐☐☐☐☐☐☐☐☐

big deal!

그게 무슨 대수라고!

> 직역하면 '큰 거래'이지만, 쓸 때는 다르게 쓰이기도 합니다. 표정이 중요합니다.
> 정말 놀랍다는 표정과 말투로 말하면 '엄청난 거네'라는 뜻이지만 비꼬는 듯이
> 말하면 '그게 무슨 대수라고'라는 느낌이 됩니다.

1. ....

별거 아니야.

2. ....

엄청나네.

3. ....

나한테는 중요해. (= 나한테는 별것이야.)

4. ....

별거 아니니까 일을 크게 만들지마.

5. ....

> **정답** 1. No big deal. / It's not a big deal.
> 2. It's a big deal.
> 3. It's a big deal for me.
> 4. Don't make a big deal.

To be honest with you
솔직히 말하면

미국의 남성 잡지 〈GQ〉가 영국의 배우 니콜라스 홀트와의 인터뷰 영상을 유튜브 채널을 통해 2015년 5월 7일 공개했습니다. 사람들이 물어본 질문을 토대로 대답하고 있는 장면입니다. 영국식 영어입니다.

Part 1 오늘의 예습 Today's Preview

MP3 파일 듣기

① Do you enjoy giving people advice?

② Not really.

③ To be honest with you,
   I don't think people should listen to
   my advice.

① 사람들에게 조언 주는 걸 좋아하나요?

② 그다지요.

③ 솔직히 말하면,
   사람들이 내 조언을 들어야 한다고 생각하지 않아요.

단어와 표현

＊advice [əd'vaɪs 어드**바**이스] 조언, 충고
＊honest ['ɑːn- **아**ㅡ니스트]
　① 정직한 ② 솔직한 ③ 순수/정직해 보이는

Part 2

오늘의 소리튜닝 Today's Vocal Tuning

소리튜닝 Day26

① Do you **enjoy giving people advice**?

② **Not really**.

③ To be **honest** with you,

I don't think people should **listen** to

my **advice**.

① Do you **enjoy giving people advice**?

배우가 영국인입니다. 영국식 발음을 들어볼 수 있습니다.
giving people advice. '사람들에게 충고를 주다, 조언을 하다.'라는 뜻입니다.

> **TIP** 영어를 잘하려면, 상대가 하는 질문을 따라 하세요. 아이들이 하듯이요. 말을 빨리 배우는 아이들은 어른이 하는 말을 따라 합니다. "배고파?" "배고파." "아파?" "아파." 이런 식이죠. 예를 들어 "Do you enjoy giving people advice?"라고 물으면 그대로 따라하세요. "Yeah, I enjoy giving people advice." 혹은 "I don't enjoy giving people advice."이렇게 하면 되겠죠.

enjoy는 '엔조이'라고 소리 내지 않습니다. [ɪnˈdʒɔɪ]에서 j [dʒ] 소리, [ɔɪ] 소리 잘 내야 합니다. j [dʒ] 소리 잘 터져야 밀어주는 느낌이 듭니다. d + zh의 조합입니다. 혀끝을 튕겨야 합니다. [ɔɪ]는 오이 사운드입니다. 너무 많이 입 모양이 움직이진 않습니다.

음소단위　j

j(유성음) 소리의 쌍이 되는 소리는 ch(무성음)입니다. 입 모양은 입술을 살짝 까뒤집고 이가 6개 정도 균등하게 보이게 해주세요. 혀는 입천장에 톡 튀어나온(치경) 부분에 대고, d 소리 내듯 혀는 처리해주고, 입 모양만 달리하면 됩니다. 입 모양을 한국어로 '좌' 한다고 생각해보세요. '조' 하시면 안 돼요. 음소단위 연습할 때는 배에 힘을 주셔야 돼요.

giving. '기빙' 아닙니다. 한 호흡으로 처리합니다. g 소리 던져주셔야 합니다.
people은 뒤가 살짝 떨어지는 '이이' [iː] 사운드 길게 해줍니다. 그리고 다음 ple 의 p는 강세가 없으므로 된소리가 가능합니다. 그래서 '피이쁠'입니다.
advice[ədˈvaɪs]는 처음에 슈와이기 때문에 힘 들어가지 않습니다. '어드바이스' 5 음절 아닙니다. 2음절입니다. '얻바이ㅅ'에 가깝습니다. 혀 끝을 입천장에 붙여서 잠 깐 멈췄다가 v에서 터집니다.

giving people advice. 사람들에게 충고를 주다. 이어보니 다 내용어입니다. 다 훅 훅 뱉어주면 소리가 끊어지고 입이 꼬일 수 있어요. 내용어 중에서도 내가 강조하고 싶은 1등, 2등, 3등을 정해줘야 합니다. 이 장면에 선 **giving**과 **advice**에 좀 더 힘이 훅 들어갔습니다. 크지는 않아도 미세하게 느껴지죠.

② **Not really**.

Not really. t 다음에 자음이죠. 그러면 끊어주셔야 합니다. 그래서 '낫뤼얼리' 이 런 느낌으로 해주세요. '난뤼얼리' 이렇게 연음 처리하지 않습니다. 물론 t 사운드 살 려줄 수도 있습니다. 그러나 보통 스탑 사운드를 살립니다. '그다지.'라는 뜻입니다.

③ To be **honest** with you,

I don't think people should **listen** to my **advice**.

To be **honest** with you. '솔직히 말하면,'이라는 뜻이죠. **honest**에서 h는 묵음이기 때문에 모음에 강세가 있는 단어입니다. ['ɑːnɪst] 밀어주는 느낌이 듭니다. 전체적인 리듬이 d d D d d로 굉장히 빠를 수 있습니다.

I don't think. "나는 그렇게 생각하지 않아." I는 원래 기능어지만 힘이 많이 들어가는 편입니다. I에 확 뱉고 나머지를 끌어옵니다. 호흡을 타고 이어줍니다. 발음과 강세 사이에 절충을 하셔야 합니다.

I don't think people should **listen** to my **advice**.

> **TIP** I think/I don't think
>
> I think : 나는 ~라고 생각한다. 나는 ~인/한 것 같아. (의견 제시)
>
> I don't think : 나는 ~라고 생각하지 않는다. 나는 ~인/한 것 같지 않아. ~가 아닌 것 같아.
>
> 만약 '나는 걔 안 예쁜 것 같아.'를 생각하고 작문을 하면 I think she is not pretty가 되지만,
>
> 영어에서는 부정을 주로 앞으로 보냅니다. I don't think she is pretty.

listen to. **listen**에서 t는 소리 없습니다. l 사운드 해주셔야 합니다. 설측음이라서 혀 옆쪽으로 소리가 나갑니다. 그러려면 혀를 살짝 뾰족하게 써야 합니다.

자, 이제 소리튜닝 반복 훈련을 시작해볼까요?

① Do you **enjoy giving people advice**?

② **Not really**.

③ To be **honest** with you,

 I don't think people should **listen** to my **advice**.

TIP 완전히 외울 때까지 발음하면서 Writing도 반복하세요!

훈련 체크 ☐☐☐☐☐☐☐☐☐☐

Part 4 한-영 훈련

①사람들에게 조언 주는 걸 좋아하나요?

②그다지요.

③솔직히 말하면,

 사람들이 내 조언을 들어야 한다고 생각하지 않아요.

TIP 소리튜닝 배운 대로 하루 동안 틈나는 대로 무한 반복해서 외우세요! 한글을 보면서 영어문장이 자동적으로 떠오를 때까지.

훈련 체크 ☐☐☐☐☐☐☐☐☐☐

238

enjoy giving

주는 걸 좋아해

1. ....

나는 우유 주는 걸 좋아해.

2. ....

나는 조언 주는 거 싫어해.

3. ....

너는 선물 주는 거 싫어하잖아.

4. ....

나는 좋은 사람들에게 나쁜 소식을 들려주는 걸 싫어해.

5. ....

정답 1. I enjoy giving milk.

2. I hate giving advice.

3. You hate giving gifts.

4. I hate giving good people bad news.

I think

난 ~인 것 같아

I don't think

난 ~가 아닌 것 같아

1. ....
   나는 개 좋아하는 것 같아.

2. ....
   나는 할 수 있을 것 같아.

3. ....
   나 화난 것 같아.

4. ....
   난 그녀가 안 했을 것 같아.

5. ....
   나 숨을 못 쉴 것 같아.

6. ....
   나 할 수 없을 것 같아.

7. ....

8.

9.

10.

11.

12.

13.

14.

15.

정답 1. I think I like him.
2. I think I can.
3. I think I'm angry.
4. I don't think she did.
5. I don't think I can breathe.
6. I don't think I can.

Day 27

Take a chance!
모험 한번 해보세요!

미국에서 주최되는 연례 국제 콘퍼런스, TED에서 인지과학자 톰 그리피스가 강연을 했습니다. 그는 더 좋은 의사 결정을 위한 방법을 제시합니다. 그 방법은 컴퓨터처럼 생각하기라고 하네요.

Part 1 | 오늘의 예습 Today's Preview

 MP3 파일 듣기

① You don't have to
　go to the very best restaurant every night.
② Take a chance!
③ Try something new, explore.
④ You might learn something.

① 매일 저녁 최고의 레스토랑에 갈 필요는 없어요.
② 모험 한번 해보세요!
③ 새로운 곳을 시도하고, 탐색하세요.
④ 뭔가 배우게 될 겁니다.

단어와 표현

* **restaurant** [réstərənt 우**뤠**스터런트] 식당, 레스토랑
* **explore** [ɪkˈsplɔː(r) 익스**쁠**로얼]
　① 답사/탐험/탐사하다 ② 탐구하다
* **learn** [ləːrn 을**런**]
　① 배우다, 학습하다 ② ~을 알게 되다 ③ 외우다, 암기하다

242

Part 2 · 오늘의 소리튜닝 Today's Vocal Tuning

소리튜닝 Day27

① You **don't have** to

go to the **very best restaurant every night**.

② **Take** a **chance**!

③ **Try** something **new, explore**.

④ You might **learn** something.

① You **don't have** to

go to the **very best restaurant every night**.

내용어 악센트를 밀어주듯이 꽂아주세요.

restaurant[ˈrestərɑːnt]는 강세가 **re**에 찍혔습니다. r 음소단위 입
모양 장착하시고요. '우' 했다가 발음해주세요. '우뤠스터런ㅌ'입니다. s 다
음에 나오는 t는 된소리가 나오면 조금 편합니다.
very로 v 소리 새다가 뱉으셔야 합니다. '베리' 아닙니다. 스탑 사운드라
멈췄다가 터집니다.

best의 t 주변에 자음이 많으므로 t가 사라집니다. 소리는 **besrestaurant** 처럼 들립니다. **restaurant**의 끝에 있는 t도 마찬가지입니다. 게다가 n과 t가 혀끝 위치가 같기 때문에 n에서 끝내버렸습니다.

every는 '에브리' 아니라 e에 길이감을 주셔야 합니다. '에〜브르'입니다.

You **don't have** to **go** to the **very best restaurant every night**.

무작정 빠른 것은 아무 소용 없습니다. 중요한 것을 들려주는 것이 중요합니다.

② **Take** a **chance**!

'테이크 어 챈스' 아닙니다. 이 말은 3음절로 한 단어처럼 발음되어야 합니다. 특히 **Take** a까지 잇습니다. **Take**[teɪk]는 [k] 소리로 끝납니다. 그래서 자음 + 모음 구조가 되어 **tak**a 하고 붙습니다.

③ **Try** something **new**, **explore**.

Try. '트라이' 아닙니다. Tr 발음은 '츄' 느낌으로 한 번에 훅 하고 던져주는 겁니다. **Try** something **new**(D dd D). something에는 힘이 들어가지 않습니다. **explore**의 발음은 [ɪkˈsplɔːr]입니다. x가 [ks]로 소리납니다. 그런데 중간에 나뉘어요. [ɪk/splɔːr] '익/스'가 되어 s 소리를 늘립니다. 그리고 s 다음 바로 나오는 p는 된소리가 나온다는 규칙이 있죠. 그래서 '익스쁠로얼' 이런 소리가 나옵니다. 화자가 영국인이라 여기서는 마지막 r이 잘 들리지 않은 경향이 있습니다.

> ### 음소단위   x
> x는 [ks] 소리입니다. relax → relak s 이런 느낌으로 소리 내줍니다. relak까지 소리를 내면 '릴렉'입니다. k가 있기 때문에 '릴레'가 아니고 '릴렉'이 되는 거예요. 그리고 뒤에 바로 s 처리해주기 위해 뱀 지나가듯이 스〜 하면서 새는 소리 넣어줍니다. 그래서 x는 s가 아니라는 점을 꼭 기억하세요.

④ You might **learn** something.

이 문장에서 강세는 **learn**밖에 없습니다. **learn**만 들리면 됩니다.
might는 '~할지도 몰라' 할 때 쓰는데, '마이트'로 하면 자연스럽지 못합니다. t는
살짝 멈췄다가 '마잇' 하고 잇습니다.

> **음소단위** **l vs. r**
>
> 입 모양, 혀 위치가 다 달라서 헷갈리면 안 되는 음소단위들입니다. 무엇보다 l은 '을' 하면서 시작
> 하고, r은 '우' 하면서 시작한다고 생각하면 더 확실하겠죠?

자, 이제 소리튜닝 반복 훈련을 시작해볼까요?

① You **don't have** to
go to the **very best restaurant every night**.
② **Take** a **chance**!
③ **Try** something **new, explore**.
④ You might **learn** something.

> **TIP** 완전히 외울 때까지 발음하면서 Writing도 반복하세요!

훈련 체크 ☐☐☐☐☐☐☐☐☐☐

Part 4 한–영 훈련

① 매일 저녁 최고의 레스토랑에 갈 필요는 없어요.
② 모험 한번 해보세요!
③ 새로운 곳을 시도하고, 탐색하세요.
④ 뭔가 배우게 될 겁니다.

> **TIP** 소리튜닝 배운 대로 하루 동안 틈나는 대로 무한 반복해서 외우세요! 한글을 보면서 영어문장이 자동적으로 떠오를 때까지.

훈련 체크 ☐☐☐☐☐☐☐☐☐☐

Part 5 문장 확장 훈련

You don't have to ～

너 ～할 필요 없어.

1. ....

너는 갈 필요 없어.

2. ....

너는 화장실 갈 필요 없어.

3. ....

네가 이 모든 문제를 겪을 필요는 없잖아. (= 네가 이 모든 문제로 갈

필요는 없어.)

4. ....

너 그거 먹을 필요 없어. (그거 안 먹어도 돼.)

5. ....

너 이거 할 필요 없어. (너 이거 안 해도 돼.)

6. ....

어떤 것이든 네가 하고 싶지 않은 걸 할 필요 없어.

7. ....

굳이 떠날 필요 없어.

8.

난 면도할 필요도 없고, 목욕할 필요도 없어.

9.

10.

11.

12.

13.

14.

영어식 사고가
가능할까요?

영어식 사고를 해야 한다고 강조하는 영어 전문가들이 있습니다. 하지만 이미 한국어 사고로 20여 년의 세월을 살아온 우리가 갑자기 영어식 사고를 할 수 있을까요? 영어로 말할 상황이 생기면 우선 한국어부터 떠오르는 게 현실입니다.

Part 4의 한국어를 보면서 영어로 말하기 훈련은 제가 통역사 시험 준비를 할 때 했던 훈련법입니다. 한국어로 사고하는 우리에게는 한국어를 떠올렸을 때 영어로 바로 나오게 연습하는 것이 최고죠!

Day 28

I was too afraid to do it
저는 그걸 하는 것이 너무 두려웠어요

2018년 4월, TED에서 전문 암벽 등반가 알렉스 호놀드가 3000피트 절벽을 로프 없이 오른 이야기를 합니다. 암벽을 오를 때의 어려움들이 우리 삶의 어려운 순간 순간의 어려움 그리고 결정력과 같겠지요?

Part 1 | 오늘의 예습 Today's Preview

🎧 MP3 파일 듣기

① My mind was racing in every direction.

② I knew what I had to do,

③ but I was too afraid to do it.

④ I just had to stand up on my right foot.

① 제 마음이 이리저리 뛰고 있었어요.

② 제가 무엇을 해야 하는지 알았지만,

③ 그렇지만 그걸 하는 것이 너무 두려웠어요.

④ 오른발을 이용해서 일어서야 했어요.

단어와 표현

* **mind** [maind 마인드] ① 마음, 정신 ② 머리, 정신, 생각
* **direction** [dirékʃən 디렉션] 방향
* **race** [reɪs 우뤠이스]
  ① 경주, 달리기 시합, 경쟁 ② 경주하다
  ③ (두려움/흥분 등으로 뇌/심장 기능 등이) 바쁘게/정신없이 돌아가다
* **be afraid** 두려워하다 유의어: scared, frightened
* **stand up** 서 있다

① My **mind** was **racing** in **every direction**.

② I **knew** what I **had** to **do**,

③ but I was **too afraid** to **do** it.

④ I **just** had to **stand** up on my **right foot**.

① My **mind** was **racing** in **every direction**.

every는 '에브리' 아닙니다. e에 강세 있습니다. 길이감 있게 처리해주셔야 해요.
direction. d D d 리듬으로 **banana** 리듬과 같습니다.

기능어 죽이는 립싱크 연습을 해봅시다. 내용어 뱉는 데 익숙해지면 나머지 기능어를 조금씩 소리 내보는 것입니다.

My **mind** was **racing** in **every direction**.

이 문장을 직역하면 '내 마음은 모든 방향으로 뛰고 있었다'가 됩니다. 한국말로 표현하면 '내 심장이 쿵쾅쿵쾅 뛰고 있었다.', '내 심장이 주체할 수 없을 정도로 뛰었다.' 등 쓰임새를 이해하고 번역하면 됩니다.

② I **knew** what I **had** to **do**,

I **knew** What I **had** to **do**. d D d d D d D. 리듬을 살려주세요. '나도 뭘 해야 될지는 알았어.'라는 뜻이죠.

had to에서 d와 t는 같은 소리입니다. 유성음, 무성음의 차이만 있을 뿐이죠. 그런 것들이 같이 있을 때는 보통 하나가 빠지고 뒤의 것이 처리가 됩니다. 그래서 **had** to가 아니라 **ha**(dt)o.

③ but I was **too afraid** to **do** it.

I was **too**에서 **too**는 부사이므로 내용어입니다. afraid 역시 내용어입니다. to **do** it(d D d). **banana**와 같은 리듬입니다. to **do** it. 이제 합쳐볼까요?

but I was **too afraid** to **do** it. d d d D dDd d D d.

afraid to 역시 **had** to 처럼 하나로 뭉쳐집니다. **afrai**(dt)o

252

'그걸 하기가 너무 무서웠어.' 그런데 한 거죠. 뭘 했을까요?

④ I **just** had to **stand** up on my **right foot**.

I just had to. 이렇게 just에 힘 없이 할 수도 있습니다. 뉘앙스가 다를 뿐이죠. 정말 중요한 단어는 **stand** up입니다. 그중에서도 **stan**을 꽂아줍니다. **stand**는 '스탠드' 하지 않습니다. 모음이 하나이기 때문에 1음절입니다.

just had에서 t를 중심으로 자음이 많기 때문에 t를 생략합니다. had to는 역시 이어줍니다.
stand up에서 s 다음에 t가 나와서 된소리가 됩니다. '스탠드 업' 아니고 연음 처리까지 되어서 'ㅅ 땐덥'입니다.

> **소리규칙**　s 다음에 나오는 t
> s 다음에 바로 나오는 t는 된소리가 나와요. 그래서 stand는 'ㅅ땐ㄷ'라는 느낌으로 소리를 냅니다. sting는 'ㅅ띵' 이렇게 소리를 냅니다.

on my **right foot**. on my 기능어입니다. **right**의 t 다음 **foot** 나오니 t + 자음 f 구조입니다. 스탑 사운드로, 살짝 호흡을 끊어준 뒤 다음 단어와 함께 터집니다.

I **just** had to **stand** up on my **right foot**. 오른쪽 발로만 지탱해야만 했다는 느낌입니다.

뭘 해야 될지는 알겠는데 그걸 하기에는 너무 무서웠던 겁니다. 그랬을 때 한 발짝 그냥 디뎌본 것입니다. '오른쪽 발로 한번 지탱해봤다.'

자, 이제 소리튜닝 반복 훈련을 시작해볼까요?

소리 반복 훈련

🎧 MP3 파일 듣기

① My **mind** was **racing** in **every direction**.

② I **knew** what I **had** to **do**,

③ but I was **too afraid** to **do** it.

④ I **just** had to **stand** up on my **right foot**.

TIP 완전히 외울 때까지 발음하면서 Writing도 반복하세요!

훈련 체크 ☐☐☐☐☐☐☐☐☐☐

Part 4 한–영 훈련

①제 마음이 이리저리 뛰고 있었어요.

②제가 무엇을 해야 하는지 알았지만,

③그렇지만 그걸 하는 것이 너무 두려웠어요.

④오른발을 이용해서 일어서야 했어요.

TIP 소리튜닝 배운 대로 하루 동안 틈나는 대로 무한 반복해서 외우세요! 한글을 보면서 영어문장이 자동적으로 떠오를 때까지.

훈련 체크 ☐☐☐☐☐☐☐☐☐☐

문장 확장 훈련

too A to B

너무 A 해서 B 할 수 없다

1. ....

   너무 무서워서 어떤 말도 할 수 없었어.

2. ....

   너무 늙어서 다시 시작할 수 없었어.

3. ....

   왜냐하면 저는 너무 무서워서 제 일을 할 수 없었어요.

4. ....

   나는 가족을 갖는 게 항상 두려웠어.(= 나는 너무 무서워서 가족을
   가질 수 없었어.)

5. ....

   해리가 너에게 물어보는 걸 너무 무서워해서 못 물어봤어.

6. ....

   난 운전을 하기에는 너무 어려.

7. ....

   제가 보드카를 마시기에는 너무 어린가요?

8. ....

나는 변화하기에는 나이가 너무 많아.

9. ....

우리가 세상을 바꾸기엔 너무 늦었어.

10. ....

네가 생각했을 때, 내가 가난해서 이걸 못 낼 것 같아?

11. ....

난 너무 가난해서 저 모자를 살 형편이 안 돼.

12. ....

13. ....

When you really want it, you are unstoppable.
당신이 진정으로 원하면, 당신을 멈추게 하는 것은 아무것도 없다.

우리가 목표를 이루지 못하는 이유는 무엇일까요? 영어 마스터하기라는 목표가 매년 버킷리스트에 남아 있는 이유는 무엇일까요? 까먹어서입니다. 영어뿐만 아니라 모든 것이 그렇지만, 목표를 이룰 때 가장 중요한 것은 목표를 계속 상기시키는 것입니다. 목표를 잊지 않도록 읽고, 쓰고, 떠올리세요. 그리고 매일 목표를 이루기 위해 행동하세요!

Day 29 — Take some risks!
위험을 감수해라!

스탠퍼드 대학원 교수이자 행복 전문가인 티나 실리그가 2018년 6월, TED에서 개최한 살롱에 참석해 사람의 운을 늘릴 수 있는 방법을 말해줍니다. 바로 안전지대에서 벗어나서 작은 위험을 감수하라는 것입니다.

Part 1 — 오늘의 예습 Today's Preview

🎧 MP3 파일 듣기

① This requires us to get out of
   our comfort zone and take some risks.
② The problem is, as we get older,
   we rarely do this.

① 그렇게 하기 위해서는 안전지대를 벗어나야 하고,
   위험을 감수해야 합니다.
② 문제는, 우리가 나이가 들면서,
   거의 그렇게 하지 않는다는 것입니다.

단어와 표현

* **require** [rikwáiər 리**쿠아이**얼]
  ① 요구하다 ② ~를 필요로 하다
* **get out of something** ① 회피하다 ② (습관을) 버리다
* **rarely** [réərli **뤠**얼리] 드물게, 좀처럼 ~않는
* **comfort** [kʌ́mfərt **컴**폴ㅌ]
  ① 안락, 편안 ② 위로, 위안 ③ 위로하다
* **zone** [zoʊn **조**운] ① 지역, 구역 ② 부분
* **risk** [rɪsk 우**뤼**스크] 위험, 위험요소

258

Part 2 | 오늘의 소리튜닝 Today's Vocal Tuning

소리튜닝 Day29

① This **requires** us to **get** out of

our **comfort zone** and **take** some **risks**.

② The **problem** is, as we **get older**,

we **rarely do** this.

① This **requires** us to **get** out of

our **comfort zone** and **take** some **risks**.

색으로 칠한 내용어 악센트 부분을 말하고 듣는 연습을 해야 합니다. 가능한 정확하게요.
requires의 발음에서 qu[kw] 발음 잘해주세요. e에 s가 붙었으니 [z] 소리가 나오겠죠. 그 다음에 또 us와 연결됩니다. **requiresus** 이렇게 들립니다.

음소단위 **qu**

requires에서 qu 소리는 [kw] 소리입니다. [rɪˈkwaɪə(r)] '쿠' 하고 시작합니다. que(퀘)stion 아니라 que(쿠에)stion. qui(퀴)z 아니라 qui(쿠이)z. requi(콰)re 아니라 requi(쿠아이)re. 항상 '쿠'로 시작하시면 발음이 맞습니다.

get out of 는 단어 사이 사이가 자음 + 모음으로 이뤄져 있습니다. 그래서 한 단어라고 생각하시면 좋습니다. **get**에 강세가 있는 **get**outof라는 단어인데 get에 강세가 있는 긴 단어라고 생각하고 '게라우러브'라는 느낌으로 소리를 냅니다. t들이 모두 모음 사이에 있어서 ㄹ로 소리나죠. get의 t에 색을 칠하지 않은 이유가 바로 이것입니다. 뒤가 다 이어지니까요.

comfort zone. 복합명사입니다. 복합명사의 소리 규칙은 앞 단어에 힘이 들어가고 이어서 소리를 내주는 것입니다. **comfort**[kʌmfərt]에서 [ʌ] 사운드 유의하세요. [fər]은 힘들어가지 않습니다. **zone**은 [z] 소리 내고, [oʊ] 이중모음입니다.

음소단위 z

보통 z 발음은 어렵다고 생각합니다. 그러나 s 소리랑 똑같고 유성음인 것뿐입니다. s는 새는 소리죠. s 에다가 소리만 넣어주면 됩니다. s와 z는 새는 소리니까 혀가 잘 새도록 위치시켜야 합니다. 소리가 새는 데 혀가 방해하면 안 되겠죠? 만약 혀가 새는 이 사이에 위치하면 잘 새지 못하겠죠? 혀 끝을 밑으로 확 내려버려야 합니다. 아랫니 뒤에다가 붙여놓습니다. 그리고 배에 힘을 주면 소리가 더 잘 샙니다. z는 벌이 날아다니는 소리입니다.

This **requires** us to **get** out of our **comfort zone**
'우리의 안전지대로부터 나올 필요가 있어.'라는 뜻입니다.

and는 기능어입니다. 특별히 강조하고 싶을 때가 아니라면 '은' 정도밖에 소리가 나지 않습니다.
take some **risks**에서 t를 시원하게 뱉습니다. 소리를 지르는 게 아니라 자음의 특징을 잘 살려주세요. 숨을 멈췄다가 터집니다. ri에서 제대로 뱉으면 뒤에 sks를 빠르게 효율적으로 할 수 있습니다. '위험을 감수해.' 이런 뜻입니다.

② The **problem** is, as we **get older**, we **rarely do** this.

The **problem** is. '프.라.블.럼.이.즈' 아닙니다. 한 호흡에 끝납니다. 시원하게 **pro**에서 뱉습니다.

as we **get older**. **older**의 경우 **ol**에서 [oʊ]와 Dark l 처리를 제대로 해줍니다.

we **rarely do** this. **rarely**는 '거의 ～ 하지 않는다.'라는 부정의 의미를 가지고 있습니다.

중요한 것을 강조하면서, 리듬과 강세를 주면서 맛깔나고 멋지게 해봅시다. 한국인처럼 보이게 하는 건 발음이 아니라 리듬과 강세입니다.

자, 이제 소리튜닝 반복 훈련을 시작해볼까요?

① This **requires** us to **get** out of
our **comfort zone** and **take** some **risks**.

② The **problem** is, as we **get older**,
we **rarely do** this.

> **TIP** 완전히 외울 때까지 발음하면서 Writing도 반복하세요!

훈련 체크 ☐☐☐☐☐☐☐☐☐☐

① 그렇게 하기 위해서는 안전지대를 벗어나야 하고,
위험을 감수해야 합니다.

② 문제는, 우리가 나이가 들면서,
거의 그렇게 하지 않는다는 것입니다.

> **TIP** 소리튜닝 배운 대로 하루 동안 틈나는 대로 무한 반복해서 외우세요! 한글을 보면서 영
> 어문장이 자동적으로 떠오를 때까지.

훈련 체크 ☐☐☐☐☐☐☐☐☐☐

문장 확장 훈련

A require B to C

A를 위해서 B가 C를 해야 돼

> require은 '요구하다'라는 뜻이지만, '요구하다'는 말은 한국말로도 잘 쓰지 않죠. '~가 뭔가 해야 돼'라는 뉘앙스로 쓰입니다. 뭔가를 해야만 조건이 충족되는 느낌이라서 have to의 '해야만 한다'와는 다릅니다.

1. ....

   나는 내 직업을 위해 여행을 많이 다녀야 해.(= 내 직업은 나에게 여행 많이 다니기를 요구해.)

2. ....

   네가 이 일을 하려면 쿨하고 신중해야 할 필요가 있어.

3. ....

   나 새 일을 얻었어. 너무 까다로워. 내가 그걸 위해서는 오랜 시간 일해야 해.

4. ....

   그걸 위해서 내가 오늘 밤 나가야 돼?

5. ....

   내 일을 위해서는 내가 야근을 좀 많이 해야 돼.

6.

7.

8.

9.

10.

11.

12.

13.

I am my own superhero.
나는 나의 슈퍼 히어로다.

Day 30

Now it is your turn
이제 여러분들 차례입니다

2014년 9월 23일, 배우 레오나르도 디카프리오가 뉴욕에서 열린 'UN 기후정상회의'에서 기후, 환경을 주제로 개막 연설을 했습니다. 그는 UN평화대사로 임명되었지요.

Part 1   오늘의 예습 Today's Preview

🎧 MP3 파일 듣기

① The people made their voices heard
  on Sunday around the world,
  and the momentum will not stop.
② But now it is your turn.
  The time to answer humankind's
  greatest challenge is now.

① 사람들은 일요일에 전 세계로 자신들의 목소리를 냈습니다,
  그리고 이 추진력은 멈추지 않을 것입니다.
② 그러나 이제 여러분들 차례입니다.
  인류 역사상 가장 큰 문제에 답해야 하는 시점은 지금입니다.

단어와 표현

* **momentum** [mouméntəm 모우**멘**텀]
  ① (어떤 일에 있어서의) 탄력, 가속도   ② 가속도   ③ 운동량
* **humankind** [ˌhjuːmənˈkaɪnd 휴먼**카인**드]   인류, 인간
* **turn** [təːrn 턴]
  동사: ① 돌다, 돌리다   ② ~상태로 변하다
  명사: ① 돌기, 돌리기   ② 방향 전환   ③ 차례, 순번
* **challenge** [ˈtʃæləndʒ **챌**런쥐]   (사람의 능력/기술을 시험하는) 도전, 시험대

266

소리튜닝 Day30

① The **people made** their **voices heard**

on **Sunday** around the **world**,

and the **momentum** will **not stop**.

② But **now** it is **your turn**.

The **time** to **answer humankind's**

greatest challenge is **now**.

① The **people made** their **voices heard**

on **Sunday** around the **world**,

and the **momentum** will **not stop**.

뱉는 소리만 먼저 뱉는 연습을 하셔야 합니다. 나머지 소리는 입으로 먹어도 됩니다.

people에서 p 터지면서 [iː] '이이'합니다.

made는 m 소리해서 '엄마' 부르듯 뱉어야 합니다.

voices는 v는 소리 새면서 터지고, 모음은 [ɔɪ]입니다. '오이' 사운드죠. s로 끝나는 경우 es가 되면서 모음이 하나 추가됩니다. 기둥 소리 [ɪ]나 슈와로 생각하면 되는데, 어쨌든 뭉갭니다.

음소단위　v

음소단위 v는 f 소리와 쌍입니다. v는 유성음이고 f는 무성음 차이밖에 없습니다. 윗니가 아랫입술을 물고 뇌주면서 내는 소리입니다. f와 똑같아요. 차이가 있다면 소리를 넣어주는 것입니다.

---

heard on은 연결됩니다. '헐드 온'아닙니다. '헐돈'에 가깝죠. **hear**만 뱉습니다.

Sunday의 s 소리에서는 뱀 소리 들려줍니다.

around의 [aʊ] 사운드는 생각보다 입이 큽니다. 그리고 the까지 이어집니다. d와 th가 하나로 뭉쳐집니다. '어라운드 더' 아닙니다.

world[wɜ:rld] 발음 어렵습니다. w 소리인데 혀만 r로 '얼' 합니다. Dark l까지 해봅시다. w에서 혀가 입 천장에 닿지 않습니다. 가려는 방향이죠. 이렇게 r까지 해주고 그다음에 혀끝이 내려가서 혀 안쪽이 올라갑니다. 여기까지가 l, 그리고 혀 끝이 다시 치경으로 가면서 d 처리합니다. 따로따로 천천히 해주세요.

TIP　word 발음과 world 발음이 좀 헷갈립니다. l이 있냐, 없냐의 차이죠. 이 l 처리만 제대로 되면 world 발음이 별로 어렵지 않습니다. l은 Light l과 Dark l이 있습니다. 여기서 l은 Dark l입니다. Dark l은 Light l처럼 혀끝이 위로 가지 않아요. 한국으로 치면 '얼'이라는 소리를 냅니다. 뒤로 좀 빠지는 느낌이 들어요. 2음절인 것처럼 하셔야 합니다.

---

and the도 연결되고, **momentum**[moʊmentəm]입니다. [oʊ] 소리 내주되 강세는 없습니다. 그리고 **men**에서 강세 줍니다.

will **not stop**. **not**, **stop** 둘 다 내용어입니다. t 다음에 자음 s 나왔으니까 끊어줘야 합니다. '나스탑' 이렇게 연음 처리가 아니라 살짝 멈추고, '낫! 스땁' 해줍니다.

stop 단어도 s 다음에 바로 t가 오니까 된소리가 납니다.

이어볼까요? 강세와 소리 주의해서 천천히 하다가 점점 빠르게 연습합니다.
The **people made** their **voices heard** on **Sunday** around the **world**, and the **momentum** will **not stop**.

The **people made** their **voices heard** 여기까지 의미단위입니다. 스피치에서 잘 나오는 말입니다. '우리 목소리를 좀 냅시다!' 할 때 쓰죠. 직역하면 '사람들의 목소리를 들려주게 만들었다'는 것인데 '사람들이 목소리를 냈다'는 말입니다.
on **Sunday** 일요일에, around the **world** 전 세계로
and the **momentum** will **not stop**. 그리고 그 지속됨이 멈추지 않을 것입니다. 이런 뜻이죠.

② But **now** it is **your turn**.

The **time** to **answer humankind's**

greatest challenge is **now**.

But **now**에서 t 다음 n 나와서 살짝 끊어집니다.

> **음소단위** n
>
> m, n, ng 사운드가 위로 유일하게 빠지는 비음소리입니다. 콧소리예요. 콧소리를 낼 때 콧볼이 진동합니다. n 소리는 비음을 내면서 혀의 끝이 입천장의 가장 톡 튀어 나온 부분에 대고 비음소리를 내주면 됩니다. 그래서 약간 '나우'가 아니라 now, '은나우' 하고 눌러야 합니다.

your는 기능어이기 때문에 원래 힘이 들어가지 않지만 영상에서는 '당신의'라는 말

의 뉘앙스를 살리기 위해 힘이 들어갔습니다. 중요한 건 y 사운드입니다.

음소단위 **y**

혀 끝이 아랫니 안쪽을 꾹 눌러주면서 지렛대처럼 올라가야 합니다. 탁하게 '이이' 하고 꾹 눌러집니다. your도 처음에 '이이유얼'로 연습하고, '유얼'로 들려준다고 생각하세요.

---

turn 발음이 잘 안 되는 이유는 r 사운드에서 입을 너무 크게 벌리기 때문입니다. r 은 입 안에 공간이 많으면 안 됩니다. 그리고 n 사운드를 너무 잘하려고 하면 안 됩니다. '터언' 아닙니다. **tur**-에서 혀끝이 입천장 쪽으로 고개를 듭니다. 그리고 n 사운드할 때 살짝 입천장에 닿고 끝냅니다.

humankind는 강세가 2개 있습니다. 1강세는 **kind**이고 2강세는 **hu**입니다. 둘 다 뱉긴 하는데 1강세에 더 뱉습니다.

challenge 발음이 어렵습니다. [ˈtʃæləndʒ]의 [æ] 사운드 살려주세요. '챌린지' 아니죠. 발음도 발음이지만 강세를 지켜줘야 합니다. **chal**에서 뱉습니다. 그리고 [ə] 은 슈와 사운드입니다. n 앞의 슈와는 없다고 취급해도 괜찮습니다. [dʒ]는 jam할 때의 사운드입니다. 유성음인데 끝에 오면 힘이 빠져서 약간 무성음이 됩니다. [dʒ] 의 쌍인 ch[tʃ]처럼 묻어나오죠.

now에서도 [aʊ]라서 입 모양 생각보다 크게 해주세요.

The time to answer humankind's greatest challenge is now.
인류 역사상 가장 커다란 문제에 대답할 때는 '바로 지금'입니다.

자, 이제 소리튜닝 반복 훈련을 시작해볼까요?

① The **people made** their **voices heard**
on **Sunday** around the **world**,
and the **momentum** will **not stop**.
② But **now** it is **your turn**.
The **time** to **answer humankind's**
greatest challenge is **now**.

> **TIP** 완전히 외울 때까지 발음하면서 Writing도 반복하세요!

훈련 체크 ☐☐☐☐☐☐☐☐☐☐

①사람들은 일요일에 전 세계로 자신들의 목소리를 냈습니다,
그리고 이 추진력은 멈추지 않을 것입니다.
②그러나 이제 여러분들 차례입니다.
인류 역사상 가장 큰 문제에 답해야 하는 시점은 지금입니다.

> **TIP** 소리튜닝 배운 대로 하루 동안 틈나는 대로 무한 반복해서 외우세요! 한글을 보면서 영
> 어문장이 자동적으로 떠오를 때까지.

훈련 체크 ☐☐☐☐☐☐☐☐☐☐

your turn to 동사

네가 ~할 차례야

1. ....

네 차례야.

2. ....

이제 내 차례야.

3. ....

이제 내 차례야?

4. ....

이제 우리 차례야.

5. ....

네가 살 차례야.

6. ....

이제 회장이 이야기할 차례야.

7. ....

그가 죽을 차례가 아니었어.

8. ....

9.
....

10.
....

11.
....

12.
....

13.
....

14.
....

15.
....

DAY 21

① 최고의 부분은 네가 '런치'라는 말을 할 때야.
② 엄청 큰 소리로.
③ 너는 촬영이 끝났으면 할 때, 이렇게 하잖아, "런치!"
④ 그리고 네 마음 이해해.

DAY 22

① 제일 좋아하는 로맨틱 코미디 영화가 뭐예요?
② 저는 두 개가 있어요. 〈노팅 힐〉이랑…
③ 당연하죠!
④ 네! 정말 최고죠.

DAY 23

① 축하드립니다.
　 8번이나 후보에 오른 끝에,
　 마침내 골든 글로브 상을 받네요. 때가 됐죠!
② 네.

DAY 24

① 근데, 전 이미 당신에게 제안했어요.
　 하신다는 말씀 같지가 않았어요….
② 제가 거절했죠.
③ 당신이 거절했어요. 그래요, 제가 아니에요.

DAY 25

① 그거 다 멋지죠.
② 근데 정말로, 그게 뭐 대수냐고요?
③ 글쎄, 일단 일론의 방식은 훨씬 더 저렴해요.
④ 설명해드리죠.

DAY 26

① 사람들에게 조언 주는 걸 좋아하나요?

② 그다지요.

③ 솔직히 말하면,
   사람들이 내 조언을 들어야 한다고 생각하지 않아요.

DAY 27

① 매일 저녁 최고의 레스토랑에 갈 필요는 없어요.

② 모험 한번 해보세요!

③ 새로운 곳을 시도하고, 탐색하세요.

④ 뭔가 배우게 될 겁니다.

DAY 28

① 제 마음이 이리저리 뛰고 있었어요.

② 제가 무엇을 해야 하는지 알았지만,

③ 그렇지만 그걸 하는 것이 너무 두려웠어요.

④ 오른발을 이용해서 일어서야 했어요.

DAY 29

① 그렇게 하기 위해서는 안전지대를 벗어나야 하고,
   위험을 감수해야 합니다.

② 문제는, 우리가 나이가 들면서,
   거의 그렇게 하지 않는다는 것입니다.

DAY 30

① 사람들은 일요일에 전 세계로 자신들의 목소리를 냈습니다,
   그리고 이 추진력은 멈추지 않을 것입니다.

② 그러나 이제 여러분들 차례입니다.
   인류 역사상 가장 큰 문제에 답해야 하는 시점은 지금입니다.

Special class 3 — 영어 '잘'하려면 발음과 호흡을 잡아라!

"영어를 잘하기 위해서 발성까지 바꿔야 하나요?"

이렇게 반문하실 수도 있습니다. 물론 그렇게까지 안 해도 됩니다. 단지 발성을 바꾸지 않으면 여전히 '한국 사람이 영어 하는 느낌'으로 영어를 하시게 될 것입니다. '원어민처럼'이 안 될 것이라는 의미입니다. 그것이 나쁘다는 것은 아닙니다. 의사소통만 잘되는 것에서 만족하신다면 발성까지 신경 쓰지 않아도 됩니다. 하지만 어차피 영어를 잘하는 게 목표라면 발성까지 바꾸면 금상첨화지요. 훈련을 하다 보면 각각의 발음보다 발성과 호흡이 더 중요한 근본이라는 것을 깨닫게 됩니다.

영어 소리를 만드는 데 있어서 가장 중요한 것이 바로 발성과 호흡이기 때문입니다. 영어식 발성이 장착되는 순간 정말 '영어'스럽게 영어를 하게 되므로, 자신감이 생깁니다. 어디 가서 막 소리를 들려주고 싶어질 정도로요. 외국어는 자신감이 8할이니 발성만으로 8할을 채우는 것이나 다름없죠.

나만의 영어식 발성 위치 찾기

1) 입이 쇄골에 달렸다고 생각해보세요.
2) 손을 가슴에 대고, 짐승 울음소리를 낸다고 생각하고 깊게 '음' 해보세요.
3) 가슴의 진동을 느끼세요.
4) 같은 느낌으로 '아' 소리 내보세요.
5) '아' 소리를 내면서 가슴의 진동이 느껴지되 편한 음을 찾아가봅시다.

영어 발성은 호흡을 신경 써야 더 깊게 됩니다. 영어는 소리를 '날숨'에 처리합니다. 숨을 뱉어내면서 소리를 내는 것이죠. 한번 깊게 한숨을 내쉬어보세요. 지금, 무의식적으로 숨을 크게 마시셨죠? 소리를 날숨에 처리한다는 것은 숨을 마신 뒤에 소리를 낸다는 뜻입니다. 그래서 영어 소리를 낼 때는 한숨 내쉴 때처럼 힘을 빼야 합니다. 한숨을 크게 내쉬었을 때 뭔가 가슴 공간이 깊이 내려가는 느낌을 받았을 거예요. 그래야 긴 문장도 호흡을 타고 술술 편하게 나올 수 있어요.

영어의 깊은 발성은 호흡을 빼고는 설명할 수 없습니다. 영어 소리튜닝은 단순히 자음과 모음의 발음을 공부하는 것이 아닙니다. 음소 발음 교정만으로는 그들의 속사포 같으나 편하고 정확한 소리를 만들 수 없습니다. 영어 소리튜닝에서 발성과 호흡은 가장 중요한 부분입니다.

영어에 눈을 뜨는 기적의 30일 중첩 실행 노트

매 챕터 중첩 복습을 할 때마다 세 영역(쉐도잉 속도, 힘·리듬 조절, 한-영 훈련 숙련도)의 훈련 실행 정도를 스스로 체크해보세요. 얼마다 숙달되었는지, 더 필요한 연습은 무엇인지 등 꼼꼼하게 평가해봅시다.

ex)

Chapter 1	영역별 훈련 평가		
Date	쉐도잉 속도	힘·리듬 조절	한-영 훈련
3/4	Day 6 연습 필요	기능어-내용어 구분하자	매일 무한 반복하기
3/11	전체적으로 빨라짐	동작 꼭! 신경쓰자	My day is made 암기
3/18	원본 영상과 동시에 말하기 성공	Day 5 리듬 연습	Day 1~3 자기 전에 한 번 더 보기
3/25	Day 4 다시 복습	엠마 왓슨에 빙의하자!	확실히 빠르게 영어가 나온다
4/1	MP3로 무한 반복하기	의미단위 끊어서 연습!	Day 5 연습 필요

Chapter 1	영역별 훈련 평가		
Date	쉐도잉 속도	힘·리듬 조절	한-영 훈련
/			
/			
/			
/			
/			

중점 훈련 확인 사항

- 복습할수록 입에서 영어 나오는 속도가 빨라졌는가?
- 농구공 튀기듯 힘 조절하며 발음하고 있는가?
- 한−영 훈련 단계에서도 리듬을 살려 훈련했는가?
- 문장 확장 훈련은 꾸준히 실천하고 있는가?

Chapter 2	영역별 훈련 평가		
Date	쉐도잉 속도	힘 · 리듬 조절	한−영 훈련
/			
/			
/			
/			
/			

Chapter 3	영역별 훈련 평가		
Date	쉐도잉 속도	힘 · 리듬 조절	한−영 훈련
/			
/			
/			
/			
/			

CERTIFICATE OF COMPLETION

This certification is awarded to

In recognition of successfully completing the following training program:

**The 100 day Project of English Vocal Tuning
Stage 1 – Miracle of 30 Days**

갓주아(이정은)

_____
Date